예배자의 기도

예배자의 기도

장준식

매주 드리는 예배를 위한
×
기도시집

바람이불어오는곳

기도의 따뜻함을 가르쳐 주신
사랑하는 엄마
오세숙 사모에게
이 책을 바칩니다.

차례

프롤로그 11

1부 첫 번째 해

1주 ✕ 대림절 1	희망의 주님, 절망과 좌절은 우리에게 어울리지 않는 삶이지만	24
2주 ✕ 대림절 2	오셔서 빼앗긴 평화를 되찾아 주소서	26
3주 ✕ 대림절 3	우리에게 기쁨을 주시는 주님	28
4주 ✕ 대림절 4	희망의 촛불을 켜고	30
5주 ✕ 신년예배	우리가 맞이한 새해는	32
6주 ✕ 주현절	자신을 숨기지 않으시고	34
7주	이제는 주께 집중해 보려 합니다	36
8주	왜 우리의 마음은 여전히 척박하기만 할까요	38
9주	이제 우리는 주께서 우리에게 하시는 말씀을 들으려 합니다	40
10주 ✕ 산상변모주일	영광의 자리에서 고난의 자리로	42
11주 ✕ 사순절 1	사십 일간의 여정을 통해	44
12주 ✕ 사순절 2	무엇이든 주의 이름으로 행하게 하소서	46
13주 ✕ 사순절 3	잘 오르고 잘 내려오도록	48
14주 ✕ 사순절 4	때로 우리는 의미를 잃고 방황합니다	50
15주 ✕ 사순절 5	우리는 연약하지만	52
16주 ✕ 종려주일	지금 우리를 구원하여 주소서	54
17주 ✕ 부활절	예배는 삶의 고백이며 삶의 태도이며 우리의 인격임을	56
18주 ✕ 부활절 2	우리는 부활의 주를 바라볼 수밖에 없습니다	58
19주 ✕ 부활절 3	부활의 주를 뵈오니 우리의 영혼이 되살아나는 듯합니다	60
20주 ✕ 부활절 4	우리가 꺾이지 않고 소망을 가질 수 있는 이유는	62
21주 ✕ 부활절 5	누려 온 은총에 감사하고 누리게 될 은총을 기대하게 하소서	64
22주 ✕ 부활절 6	다시 힘을 내고자	66

23주 ✕ 부활절 7	주님이 계시지 않으면	68
24주 ✕ 성령강림절	성령이여, 오시옵소서	70
25주 ✕ 삼위일체주일	우리는 삼위 하나님의 꽃다운 임재에 눈멀었습니다	72
26주	우리의 삶이 무너지지 않도록	74
27주	무너진 것을 다시 세워 주시는 주님	76
28주	우리에게 모든 것을 안겨 주시는 주님	78
29주	그 나라로 우리를 불러 주시는 주님	80
30주	우리를 광야로 부르시는 주님	82
31주	우리에게는 아버지가 계시니	84
32주	뜨겁게 우리를 사랑하시는 주님	86
33주	우리의 비참함을 아시는 주님	88
34주	이 땅을 고치기 위하여 오신 주님	90
35주	우리에게 좋은 땅을 주시려는 주님	92
36주	우리를 치유하소서	94
37주	우리를 불러 새 일을 행하시는 주님	96
38주	차별 없는 세상을 만들어 가게 하소서	98
39주	주께서 우리를 사랑으로 이끌어 주시기에	100
40주	우리는 주의 사랑과 은혜가 필요합니다	102
41주	주님의 숨으로 다시 숨 쉬게 된 우리	104
42주	우리의 말이 주의 말씀을 닮게 하시고	106
43주	우리는 그리스도께 붙어 있는 가지입니다	108
44주	성육신의 은혜와 사랑을 가르쳐 주소서	110
45주	우리는 어디로 가야 할지 몰라 어리둥절한 삶을 살아갑니다	112
46주	오직 주의 영광으로만 만족을 얻을 수 있습니다	114
47주	그 사랑 때문에 오늘도 살아갑니다	116
48주	우리에게 예수의 빵을 주소서	118
49주	열세 번째로 주님을 따라나선 제자들	120
50주	그 사랑을 속삭여 주소서	122
51주	우리는 두려움에 휩싸여 있습니다	124
52주 ✕ 그리스도왕주일	우리는 참으로 연약합니다	126

2부   두 번째 해

1주 ✕ 대림절 1	주님만이 우리의 구원입니다	130
2주 ✕ 대림절 2	오늘 우리는 평화의 촛불을 함께 켭니다	132
3주 ✕ 대림절 3	우리가 기쁨의 촛불을 켤 수 있는 것은	134
4주 ✕ 대림절 4	주의 사랑 덕분에 우리는	136
5주 ✕ 신년 예배	새로운 해를 허락하신 것은	138
6주 ✕ 수세주일 주현절	우리에게도 성령을 부어 주소서	140
7주	우리의 마음이 쉽게 강퍅해지기에	142
8주	우리에게 당신을 보여 주시는 주님	144
9주	주님의 사랑을 기억합니다	146
10주	주님, 시간이 살같이 흐릅니다	148
11주	너무도 많은 사람들이 목숨을 잃어	150
12주 ✕ 산상변모주일	당신이 누구이신지 보여 주셨듯이	152
13주 ✕ 사순절 1	경건의 모양과 능력이 필요한 이 시대에	154
14주 ✕ 사순절 2	생명을 풍성케 하시는 주님	156
15주 ✕ 사순절 3	지난 한 주간도 주님의 은혜 덕분에	158
16주 ✕ 사순절 4	우리는 지금 광야길을	160
17주 ✕ 사순절 5	눈물 흘리신 주님을 기억합니다	162
18주 ✕ 종려주일	나귀 타신 주님을 맞이하길 원합니다	164
19주 ✕ 부활절	주님께서 구원을 베푸시는 순간	166
20주 ✕ 부활절 2	우리는 이곳에 부활의 증인으로	168
21주 ✕ 부활절 3	그리고 사흘 만에 부활하신 주님	170
22주 ✕ 부활절 4	주님께서 우리와 함께 계시니	172
23주 ✕ 부활절 5	우리도 이 어두운 세상 속에서	174
24주 ✕ 부활절 6	어머니의 돌봄을 통해 하나님의 숨결을 느낍니다	176
25주 ✕ 부활절 7	죽음으로 죽은 자들의 위로가	178
26주 ✕ 성령강림절	우리에게 성령을 보내 주신 주님	180
27주 ✕ 삼위일체주일	그 신비와 사랑을 나타내 보이시니	182

28주	모든 괴로움을 이겨 내고	184
29주	우리의 부모가 되어 주시는 주님	186
30주	우리의 마음도 이 계절처럼	188
31주	우리를 불쌍히 여겨 주소서	190
32주	우리를 불러 새로운 생명을 주시는 주님	192
33주	요즘 우리의 생명이 위태롭기만 합니다	194
34주	전례 없는 기후 재앙 앞에서	196
35주	주님 안에서 쉼을 얻기까지	198
36주	새 학기를 시작하는 우리 아이들	200
37주	새로운 존재가 되게 하소서	202
38주	새 창조의 역사가 우리의 일상 가운데	204
39주 ✕ 창조절	창조의 하나님을 더 깊이 깨닫도록	206
40주	세상이 줄 수 없는 평안과 안식을 주소서	208
41주	그리스도께서 보여 주신 차원이 다른 세계 속으로 우리도 들어가게 하소서	210
42주	창조되었다는 것은 곧 부르심임을	212
43주	우리는 참으로 주님의 사랑을 받은 자입니다	214
44주	참된 기쁨을 얻기 원합니다	216
45주	주여, 우리를 불쌍히 여겨 주소서	218
46주	애통해 하는 자들을 위로하여 주소서	220
47주	바라만 보아도 눈물이 날 것 같은 계절에	222
48주	여럿이지만 하나가 될 수 있는 것은	224
49주	우리 삶의 모든 문제는 주님께 달려 있으니	226
50주	이 시간은 우리가 보낼 수 있는 가장 거룩한 시간입니다	228
51주	생명 아닌 것들에서 생명을 갈망하고 있는 우리를 불쌍히 여겨 주소서	230
52주 ✕ 그리스도왕주일	주님을 우리의 왕이라 고백합니다	232

에필로그 234

프롤로그

✕ 기도는 따뜻한 것이다

 기억을 더듬어 보았다. 초등학교 6학년 즈음이었던 것 같다. 밤에 자다가 '방언'이 터졌다. 신비한 일이었다. 꿈을 꾸었는지 잠결에 나는 방언을 했고 그 방언 소리에 깼다. 일어나 무릎 꿇고 기도했다. 내 방언 기도 소리를 듣고 엄마가 잠에서 깨어 나에게 다가오셨다. 엄마는 아무 말 없이 방언 기도하는 내 곁에서 함께 밤새 기도해 주셨다. 나는 그렇게 방언 기도를 시작했다. 아주 특별한 경험이었다.

 '기도'하면 떠오르는 이미지는 엄마와 빨간색 밍크 담요이다. 엄마는 기도할 일이 생기면 빨간색 밍크 담요를 들고 예배당에 가서 밤새껏 기도하셨다. 이것은 아주 어린 시절부터 보던 기도의 풍경이다. 그래서 나는 '기도'하면 엄마와 빨간색 밍크 담요가 떠오른다. 이렇게 기도에 대한 나의 기억은 따뜻하다. 마음을 따뜻하게 해주는 엄마, 몸을 따뜻하게 해 주는 담요. 나에게 기도는 따뜻한 것이다.

※ 기도는 배워야 한다

돌이켜 보면, 초등학교 6학년 때 기도에 대한 특별한 경험을 한 이후로 기도를 참 많이 했다. 교회에서 부흥회를 할 때면 맨 앞좌석에 앉아 목 놓아 통성 기도를 했고, 학생부/청년부 시절에는 수련회에 가서 뜨겁게 기도했고, 기회가 될 때마다 집에서 가까운 청계산 기도원에 가서 기도했고, 좀 멀지만 한국 기도원의 메카라 하는 한얼산기도원에도 종종 가서 기도했다. 기도는 이렇게 나의 일상이었고, 특별히 배우지 않아도 입에서 터져 나오는 모국어 같았다.

그런데 신학 공부를 하고 목회를 시작하면서 기도에 대한 다른 접근을 하게 되었다. 성경을 읽는데, 참 이상한 말씀을 발견했다. "예수께서 한 곳에서 기도하시고 마치시매 제자 중 하나가 여짜오되 주여 요한이 자기 제자들에게 기도를 가르친 것과 같이 우리에게도 가르쳐 주옵소서"(눅 11:1). 기도를 특별히 배운 적 없이 모국어가 입에서 터져 나오듯 기도하던 나에게 이 말씀은 충격으로 다가왔다. '기도는 배워야 하는 것이구나.' 누가복음의 말씀이 나에게 진지하게 다가오기 전까지 나는 기도를 배워야 하는지 몰랐다. 그도 그럴 것이 나에게 기도는 모국어 같은 것이었기 때문이다.

※ 엎드림, 그 자체가 기도다

그때부터 나는 기도를 모국어처럼 내뱉는 것을 조금 내려놓고 기도를 '배우려고' 노력했다. 기도를 배우려고 마음먹으니 또 다른 사실 하나를 깨닫게 되었다. 성경은, 그리고 신학자들의 책은 기도의 보물창고였던 것이다. 가령, 구약의 민수기는 기도의 모범 교과서처럼 다가왔다. 교회를 개척하여 담임 목회를 시작했던 30대 초반의 젊은 시절, 민수기에 나오는 모세는 목회의 안내자요 기도의 화신처럼 느껴졌다. 그 척박했던 광야에서 이스라엘 백성을 이끌며 그들과 갈등이 발생했을 때 모세는 다른 행동을 하지 않고 하나님 앞에 납작 엎드려 일어날 생각을 하지 않았다. 하나님께서 응답을 주셨을 때에야 비로소 일어나 백성들에게 나아갔다. 민수기의 모세가 나에게 가르쳐 준 기도는 말이 아니라 행동이었다. 기도는 말을 하는 행위가 아니라 아무 말도 하지 않는 행위였다. 기도는 하나님 앞에 엎드리는 행동이었다. 이것은 기도의 또 다른 차원이었다. 모세에게 기도를 배운 후 나는 목회하면서 힘들고 어려운 일이 닥쳤을 때 말을 멈추고 하나님 앞에 엎드렸다. '엎드림', 그 자체가 기도다.

✕ 말씀, 그 자체가 기도다

나는 모세처럼 기도했다. 목회하면서 힘들고 어려울 때 하나님 앞에 엎드려 일어나지 않았다. 한 시간, 두 시간, 세 시간, 네 시간, 때로는 반나절, 그것도 모자라면 엄마처럼 담요를 싸 들고 예배당에 가서 밤새껏 엎드려 있었다. 그런데 그것만으로 해결되지 않는 한계 상황이 다다를 때가 있었다. 목회를 하면서 겪은 어려움은 마치 살을 도려내는 것처럼 아플 때가 많았다. 목회는 전형적인 감정 노동이라 마음이 아파 어쩔 줄 모를 때가 많았다. 그래서 공황증에 걸리기도 했다. 목회하면서 공황증 한 번 경험해 보지 않은 목회자가 어디 있으랴. 한때 나는 공황증이 심해 설교하려고 강단 앞에만 서면 말이 나오질 않았다. "주님, 나를 불쌍히 여기소서." 목회하면서 어렵고 힘든 일을 당했을 때, 그때 나는 하나님 앞에 엎드려 기도하면서 '시편'을 읽었다. 시편을 읽으면서 그 시편으로 기도를 드렸다. 그런데 정말 놀라운 경험을 했다. 특별히 다윗의 탄식 시편은 다윗의 탄식이 아니라 바로 '나의 탄식'이었다. 성경은 제3자의 기록이 아니라 나의 기록이요 고백으로 다가왔다. 아주 신비한 경험이었다. 이렇게 표현할 수 있겠다. 말씀, 그 자체가 기도다.

※ 고백, 그 자체가 기도다

기도가 깊어지니 신앙이 깊어져 갔다. 목회를 하면서 나는 내가 목회를 잘하고 있는지 검증하고 싶었다. 그래서 학문을 놓지 않았다. 학문은 즉자적 존재(자기 자신에게 매몰되어 자기를 반성할지 모르는 존재)로 전락하는 것을 방지해 주고, 대자적 존재(자기 자신을 한 발짝 떨어져서 볼 수 있는 능력을 가진 존재)가 되어 자기를 최대한 객관적으로 바라볼 수 있게 도와주는 하나님의 은총이다. 나는 목회하면서 동시에 학위 과정(ThM, PhD)을 이수하려고 노력했다. 학위 자체가 목적이 아니었다. 학문을 통해 나의 목회를 평가하고 싶었다. 그래서 초대 교부들의 저서부터 현대 신학자들의 저서까지 열심히 읽고 공부했다.

신학자들의 책을 깊이 읽으면서 발견한 것이 있다. 신학자들의 책은 단순히 '학문'이 아니라 '기도'라는 사실이었다. 신학자들의 책은 겉으로 보기에 '학문'의 언어를 쓰고 있는 것 같지만 실상 그들의 언어는 '고백'(confession)이었다. 삼위일체 교리의 발전에 지대한 영향을 미친 카파도키아 교부들의 저서가 그랬고, 그리스도교 신학의 초석을 놓은 아우구스티누스의 저서가 그랬고, 현대 신학의 거장 바르트의 저서가 그랬다. 한국인들은 주로 번역서를 읽기 때문에 한눈에 알아채기 쉽지 않지만 헬라어 원전, 라틴어 원전, 독일어 원전으로 그들의 저서를 읽으면 그들의 언어는 영락없는 '고백'이라는 것을 단숨에 알아챌 수 있다. (내가 그들의 책을 모두 원전으로 읽었다는 뜻은 아니다. 공부를 오래하다 보니 알게 된 사실이다.)

일류 신학자들의 저서는 한결같이 '고백'이다. 학문적 언어로 자기를 뽐내지 않는다. 가르치려고 하지 않고 설득하려 들지 않는다. 폭력적이지 않고 따스하다. 아는 만큼만 말하고 모르는 것은 모른다고 말한다. 그들의 언어는 부정의 언어이다. 침묵의 언어이다. 비트겐슈타인이 말한 것처럼, 말할 수 없는 것에 대해서는 침묵한다. 침묵으로 말한다. 이것은 '고백'이다. 고백은 부정의 언어이고 침묵의 언어이다. 설명할 수 없기 때문에 우리는 고백할 수밖에 없다. 그래서 신학자들의 저서는 기도이다. 기도는 고백이다. 고백, 그 자체가 기도다.

✕ 우주적 기도

어려서부터 기도를 모국어처럼 했던 나였지만, 기도는 배우면 배울수록 신비한 것이었다. 기도는 말이 아니라 행동(엎드림)이었고, 말씀 자체였고, 고백이었다. 기도를 잘 모를 때는 기도에 '나의 자리'가 있는 줄 알았다. 하지만 기도를 조금씩 배워 가면서 기도에서 나의 자리는 점점 줄어들었다. 나의 자리가 줄어들었다고 내 삶이 쪼그라든 게 전혀 아니었다. 아주 신비한 것은 기도에 나의 자리가 줄어들수록 삶의 품이 넓어지고 깊어졌다는 것이다. 마치 내 삶의 자리가 우주에 맞닿아 있는 것처럼 느껴졌다.

요한계시록은 바로 이 우주적 기도를 가르쳐 준다. "또 다른 천사가 와서 제단 곁에 서서 금 향로를 가지고 많은 향을 받았으니 이는 모든 성도의 기도와 합하여 보좌 앞 금 제단에 드리고자 함이라. 향연이 성도의 기도와 함께 천사의 손으로부터 하나님 앞으로 올라가는지라. 천사가 향로를 가지고 제단의 불을 담아다가 땅에 쏟으매 우레와 음성과 번개와 지진이 나더라"(계 8:3-5).

요한계시록에 의하면, 기도를 담당하는 천사가 따로 있다. 그는 제단 곁에 서서 성도들의 기도(향)를 받아 '보좌 앞 금 제단'에 올려드리는 일을 한다. 향연과 성도들의 기도가 천사의 손을 통해 하나님 앞으로 올라간다. 우리는 기도를 허공에 대고 내는 소리처럼 생각할 수 있으나, 전혀 그렇지 않다. 우리의 기도는 향연이 하늘로 올라가는 것처럼 천사의 손을 통해 하나님 앞으로 올라간다. 요한계시록에 나오는 '일곱 나팔 이야기'는 성도들의 기도 때문에 발생한 일들의 기록이다. 여기서 우리는 기도가 가진 힘을 본다. 기도는 하나님이 불의한 세계를 심판하시기 위해 역사에 개입하시도록 이끄는 힘이 있다. 기도는 하나님 임재의 통로라는 뜻이다.

예배자의 기도에는 이런 엄청난 능력이 있다. 그러므로 우리는 기도에 신중할 필요가 있다. 불의와 욕심을 담은 기도를 드리면 우리는 하나님을 잠신 취급하는 것이다. 하지만 정의와 사랑을 담은 기도를 드리면 우리는 하나님을 하나님 되시게 하는 것이다. 이런 중국 속담이 있다. "희망은 맨 나중에 죽는다." 기도는 우리가 할 수 있는 최초의 것이기도 하지만, 기도는 우리가 할 수 있는 최후의 것이기도 하다. 우리는 희망하면서 기도하지만, 모든 것을 다 해 본 후, 희망을 버리지 않기 위해서, 최후의 수단으로 기도한다. 그래서 기도는 희망이다.

✕ 잃어버린 기도를 찾아서

철학자 한병철은 『불안 사회』에서 현대인들이 왜 불안해하며, 그 불안을 극복할 수 있는 방안이 무엇인지에 대해서 논한다. 한병철은 현대 사회의 불안이 '자기 착취'와 '성과 중심적 강박'으로 인해 발생한다고 지적한다. 그는 이를 극복할 방안으로 희망을 제시하는데, 그의 희망은 단순히 낙관주의나 긍정적 사고가 아니라, 모든 것을 스스로 통제하려는 욕망에서 벗어나 미래에 대해 열려 있는 태도를 갖는 것이다. 한병철은 현대인이 끊임없이 "더 잘해야 한다", "더 빨라져야 한다"는 압박 속에 불안을 겪고 있다고 분석한다. 이에 반해, 그가 제시하는 희망은 자신을 '성과의 주체'가 아니라 '존재 그 자체'로 받아들이는 것이며, 이는 자기를 있는 그대로 받아들이는 태도를 통해 실현된다고 주장한다. 한병철이 비판하는 현대 사회의 개인은 타자와의 경쟁적 관계로 인해 고립되며 외로움과 불안을 경험한다. 그가 희망을 통해 궁극적으로 제시하는 것은 관계의 회복이며 공동체적 유대감을 통해 불안을 극복하는 것이다. 또한 한병철에게 희망은 미래의 불확실성을 위협으로 느끼기보다 그것을 삶의 가능성으로 수용하는 것이다.

『불안 사회』에서 한병철이 말하는 희망은 기도와 별반 다르지 않다. 기도는 자기를 비워 내고 미래를 향해 개방하는 일이기 때문에 기도하는 자는 불안에 사로잡히지 않는다. 기도는 자신을 철저히 통제하는 욕망에서 벗어나 하나님께로 시선을 돌리는 '희망적 열림'이다. 기도는 인간의 가치를 하나님 앞에서 새롭게 인식하는 일이다. 기도를 통해 인간은 자신이 '하나님의 사랑받는 자녀'라는 존재적 정체성을 재확인하며, 성취나 업적이 아닌 존재 자체로 하나님께 받아들여진다는 확신을 얻는다. 기도는 본질적으로 하나님과의 관계적 소통이며, 또한 이웃을 위한 중보 기도를 통해 타자와의 관계성 회복을 추구한다. 기도는 개인을 고립된 존재에서 공동체적 존재로 전환시키고 타자와의 연대와 책임감을 일깨우는 관계적 실천이 된다. 기도는 알 수 없는 미래를 두려움과 불안으로 마주하기보다는 하나님의 신실하심과 인도하심을 신뢰하며 기대와 소망으로 맞이하는 태도이다. 이렇게 기도는 불안한 현대인을 치유할 수 있는 '희망' 그 자체이다.

문제는 현대인들이 이 좋은 기도를 잃어버렸다는 데 있다. 애니메이션 제목〈니모를 찾아서〉에서 '니모'를 '기도'로 바꾸어 상상해 보라. 우리는 기도를 잃어버렸다. 그 소중한 기도. 눈에 넣어도 아프지 않을 기도. 삶의 이유. 삶의 소망. 삶의 전부. 기도를 잃어버렸다. 한병철은 현대인들이 왜 불안에 사로잡히게 되었는지, 정치/경제적 이유를 철학적으로 사유하지만, 그 이유를 신학적으로 사유하면 현대인들이 불안해하는 심층적 이유는 기도를 잃어버렸기 때문이다.

현대인들의 기도는 넋두리, 욕망의 표출, 세속적 성취의 기쁨에 대한 감정적 감사의 표현이 대부분이다. 기도를 배우지 않고, 기도가 고백이 되지 못하며, 충분히 엎드리지 않으며, 말씀에 근거하지 않고, 우주적 질서와 맞닿아 있지 않다. 이런 기도는 존재에 기쁨과 평안을 주지 못한다. 그렇다면 어떻게 해야 할까? 니모를 잃은 아빠가 니모를 찾아 나서는 심정으로, 기도를 잃은 우리는 기도를 찾아 나서야 한다.

✕ 교회력, 그리스도의 시간

『예배자의 기도』는 교회력에 맞춰 쓴 기도문이다. 교회력은 교회의 행사 스케줄이 아니다. 교회력은 그리스도의 시간을 가리킨다. 교회력은 그리스도의 몸인 교회가 그리스도의 시간(삶)을 따라 살고자 하는, 그리스도와의 일치 운동이다. 교회력은 시간 안에서 역사하신 하나님을 오늘 이 자리, 이 시간에서 다시 만나기 위한 활동이다. 예배자의 기도에는 교회력의 이 모든 의미가 담겨 있다.

교회력의 절기는 단 하루, 또는 한 주일만을 의미하지 않는다. 봄, 여름, 가을, 겨울이 단 하루로 끝나지 않고 시즌(season,

여러 날 지속되는 것)인 것처럼, 교회력도 여러 날 지속된다. 교회력은 **대림절기**에서 시작한다. 대림절기는 두 가지의 신학적 의미를 담고 있다. 하나는 아기 예수의 탄생을 맞기 위한 기간이고, 또 하나는 예수 그리스도의 재림을 기다리는 기간이다. 대림절기는 '기다림'의 절기이다. 대림절기 다음에는 **성탄절기**가 온다. 성탄절은 12월 25일 하루로 끝나지 않는다. 성탄절은 일회성 행사가 아니라 예수 그리스도의 성육신 사건(incarnation)을 마음속에 새기는 절기이다. 성탄절기 다음에는 **주현절기**가 온다. 주현절은 예수 그리스도 안에서 하나님이 '언제' 나타나셨느냐는 기독론 논쟁 가운데 발전되었다. 주현절에는 예수 그리스도의 세례를 비롯한 동방박사의 방문, 가나의 첫 이적, 그리고 그리스도의 변화산 변형 사건 등의 말씀을 다루는 절기이다.

주현절기가 끝나고 **사순절기**로 들어서는 것을 알리는 교회력은 재의 수요일(Ash Wednesday)이다. 참회의 수요일이라고도 불리는 이 날은 사순절로 들어가는 관문이다. 참회의 상징으로 재의 축성과 재를 머리에 얹거나 이마에 바르는 예식을 행하는데, 여기에 사용되는 재는 지난해 종려주일에 사용했던 종려가지를 보관해 두었다가 그것을 태워 만든 재를 사용한다. 우리는 재의 수요일을 통해 사순절로 들어간다. 40일 동안 우리는 그리스도의 죽음과 부활에 동참할 제자로 거듭날 준비를 진지하게 한다. 사순절 마지막 한 주는 특별히 '고난 주간'(Holy Week)이라 부르며 세족 목요일, 성금요일, 성토요일을 거쳐, 부활절에 이른다. 예배학자 제임스 화이트는 부활절을 두고 이런 말을 했다. "모든 주일은 매주 돌아오는 작은 부활절이다. 하지만 매년 돌아오는 부활절은 연중 가장 큰 주일이다."

부활절은 하루의 행사가 결코 아니다. **부활절기**는 성령강림절이 오기까지 50일간 지속된다. 부활절기가 끝나며 성령강림절이 오는데, 이는 오순절(Pentecost)로 불린다. 유대교와 기독교는 오순절을 같은 이름으로 지키고 있으나, 그 의미는 완전히 다르다. 출애굽기 19장 1절에 보면, 유대인들이 출애굽한 후 시내 광야에 도착한 때가 제 삼월이었다. 그들은 애굽을 떠난 지 50일 만에 시내 광야에 도착한 것이다. 그래서 유대교의 오순절은 이스라엘 백성이 시내 광야에 도착하여 하나님으로부터 모세를 통해 율법을 받고 하나님과 언약을 맺어 언약 공동체가 된 것을 기념하는 날이다. 하지만 기독교의 오순절은 예수 그리스도께서 승천하신 뒤 약속하신 성령께서 내려오셔서 교회를 탄생하게 하시고 성령의 은사를 주신 것을 기념하는 날이다. 그래서 기독교에서는 오순절을 '성령강림절'이라고 부른다. 이 날은 교회의 실질적 생일이기도 하다.

교회력에 의하면, 성령강림절(오순절) 다음 주일은 삼위일체주일로 지킨다. 교회는 이제 성부, 성자, 성령의 모든 역사가 한데 어우러진 것을 본다. 삼위일체주일을 지킴으로 우리가 고백하는 하나님이 어떤 분인지 세상에 선포하고, 교회가 성부와 성자와 성령의 이름으로 구원받은 백성의 모임이라는 것을 서로 확인한다. **성령강림절기**는 거의 반년에 걸쳐 있는데, 이것을 반으로 나누어서 전반은 성령강림절기로, 후반은 창조절로 지키는 운동이 최근 교회력에 반영되었다. **창조절**(성부절기)은 하나님 창조의 뜻을 기억하고 창조 세계의 회복을 실천하려는 교회의 의지를 담고 있다. 창조절기에는 자연을 돌아보고 생태계를 파괴하는 여러 요소들에 대해서 생각해 보며 교회가 또는 각 개인이 지구 보호를 위해서 실천할 수 있는 것들을 실행에 옮기는 일들을 한다. 창조절은 최근 기후 변화로 인해 각종 위기에 직면한 지구 공동체에게 더욱더 절실히 요청되는 절기

이기도 하다. 창조절의 마지막 주일 또는 교회력의 마지막 주일은 '그리스도왕주일'로 지킨다. 우리는 우리의 자유와 사랑을 빼앗고 억압하려는 어떤 권세도 거부한다. 오직 그리스도만이 우리의 왕이시다. 그분만이 우리에게 참 자유와 사랑을 주신다.

✕ 예배자의 기도, 이렇게 읽어 보세요

『예배자의 기도』에는 그리스도의 서사, 삼위일체 하나님의 서사가 담겨 있다. 예배자의 기도를 통해 이 서사를 마음 깊이 새기게 된다면, 어느새 우리의 삶이 그리스도 안에 있을 것을 발견하게 될 것이다. 예배자의 기도는 소리 내어 낭송하기 좋게 운율을 맞추는 데 신경을 썼다. 기도는 생각이 아니라 몸을 쓰는 것이다. 소리를 내어, 두 손을 들고, 또는 몸을 흔들며, 즉 몸을 쓰며 드리는 기도는 더 간절하고 강력하다. 눈으로만 읽지 말고, 꼭 소리를 내어 읽어 보길 바란다. 그 소리가 바로 향연이다. 하늘로 올라가는 기도이다. 무엇보다, 예배자의 기도를 통해 기도를 '배워 보기' 바란다. 예배자의 기도에는 서사와 말씀과 신학과 일상이 담겨 있다. 이것을 배우고 익히면, 자신의 언어로 서사와 말씀과 신학과 일상이 담긴 기도를 드릴 수 있게 될 것이다. 아무쪼록, 예배자의 기도를 통해 잃어버린 기도를 찾아 삶의 행복과 기쁨을 누리는 안식에 도달하게 되길 두 손 모아 기도한다.

2025년 5월 햇살 좋은 날
푸른 초장이 창문 너머로 보이는
세화교회 목양실에서
장준식

1부

첫 번째
해

희망의 주님, 절망과 좌절은 우리에게 어울리지 않는 삶이지만 1주 × 대림절 1

희망의 주님,

절망과 좌절은
우리에게 어울리지 않는 삶이지만,

그것은 우리가
가장 많이 경험하는 삶이기도 합니다.

이 희망의 절기에
다시 한 번
마음 가득
희망을 안고 싶습니다.

주님,
우리가 희망을 안을 수 있는 길은—

지극히 작은 자를 끌어안고,

그를 위해 울고

그를 위해
나의 것을 내어 줄 때입니다.

아프고 힘든 자에게
'소금'을 주어

그의 삶에
다시 생기를 불어넣으라고
주님께서 말씀하셨사오니 —

주여,

우리가 이 시간 예배드리며
우리 곁에 이미 와 계신
주님의 손을 붙잡고,

절망과 좌절을 걷어 내어
희망을 주는 자로
거듭나게 도와주소서.

세상에서 가장 낮은 곳,
십자가에 달려
우리를 구원하신
예수 그리스도의 이름으로 기도합니다.

아멘.

오셔서 빼앗긴 평화를 되찾아 주소서 2주 × 대림절 2

평화의 주님,

주님께서 주신 평화를
빼앗아 가려는 악당으로 가득 찬 세상에서
우리는 살아갑니다.

유형과 무형의 권세들이
날강도가 대낮에 코를 베어 가듯이,

그 귀한 주의 선물,
평화를 빼앗아 갑니다.

주님,
우리가 촛불을 밝힌 이유는
어둠이 빛을 이기지 못한다는 진리를
선포하기 위함입니다.

빛으로 오신 주여,

어둠은 주를 알아보지 못하고
결국 십자가에 매달아 죽였지만,

그 빛은 죽지 않았고

오히려 우리에게
영원한 생명을 안겨 주었습니다.

주님,
어둠에 지지 않게 하소서.
어둠에 지치지 않게 하소서.

우리는
생명의 빛을 품은
주님의 자녀들입니다.

우리의 예배를 받아 주시고,
오셔서 어둠을 물리쳐
빼앗긴 평화를 되찾아 주소서.

평화의 왕으로 오신
예수 그리스도의 이름으로 기도합니다.

아멘.

우리에게 기쁨을 주시는 주님 3주 ✕ 대림절 3

우리에게 기쁨을 주시는 주님,

이 기쁨의 절기에
우리를 구원하러 오시는 주님을 기다리며
마음 설레입니다.

예배드리는 우리가 소망하는 것,
우리가 갈망하는 것은
오직 주님뿐이오니—

우리의 예배를 받으시고,
우리의 구원이 되어 주소서.

참으로 어렵고 혼란한 시절을 살아가는 우리들,

이럴 때일수록
성실히 예배의 자리에 나아와
주의 은혜를 사모하게 하소서.

예배드리는 일을 통하여
우리의 삶이 흔들리지 않게 하시고,
바르고 옳은 길을 걷게 하시며,
기쁨을 잃지 않게 하소서.

예배하는 우리 영혼을
가장 아름다운 은혜로 감싸 주소서.

모든 인류의 기쁨이신
예수 그리스도의 이름으로 기도합니다.

아멘.

희망의 촛불을 켜고 4주 ✕ 대림절 4

주님,

우리는 희망의 촛불을 켜고,
평화를 노래하며,
기쁨을 감추지 못한 채,
사랑의 마음을
주께 감사로 드립니다.

고요하지 못한 밤,
거룩하지 못한 밤—
이것이 우리가 살아가는
우리의 일상입니다.

우리는 언제쯤
고요와 거룩에
입맞춤할 수 있을까요.

우리는 언제쯤
손가락이 아니라
손가락이 가리키는 달을
응시할 수 있을까요.

주님,

고요와 거룩을 상상하며
주께 예배드립니다.

비록 지금 우리의 삶,
우리의 역사에는 풍랑이 일고 있지만—

동방박사들처럼
별을 따라가다 보면,
인내를 가지고
그 길을 끝까지 걸어가면,

고요와 거룩이 입맞추는 곳에
이르게 될 줄 믿습니다.

주님,
지치지 않게 하소서.
낙심치 말게 하소서.

소란스러운 세상을
고요하고 거룩하게 하시는
예수 그리스도의 이름으로 기도합니다.

아멘.

우리가 맞이한 새해는 5주 × 신년 예배

주님,

우리가 맞이한 새해는
구원해야 할 시간이 아니라,
이미 그리스도 안에서 구원된 시간입니다.

그러므로
우리에게 발생하는 모든 일은
도전이나 위협이 아니라—

축복이며 감사입니다.

그 무엇도
우리를 주의 사랑에서
끊을 수 없기 때문입니다.

주님,
우리 안에 정직한 영을
새롭게 창조해 주셔서,

겉사람은 기력이 쇠해 가는 것 같으나
속사람은 날마다 새로워지는
은혜를 경험하게 하소서.

그리하여
올 한 해 동안
우리에게 주어진 모든 일을 통하여

주께 영광 돌리게 하시고,
세상이 줄 수 없는
참된 평안을 누리게 하소서.

소망 가득 드리는 이 예배를
기쁘게 흠향하시고,

우리에게
풍성한 은혜를 내려 주소서.

부활의 첫 열매이신
우리 주 예수 그리스도의 이름으로 기도합니다.

아멘.

자신을 숨기지 않으시고 6주 ✕ 주현절

자신을 숨기지 않으시고
우리에게 현현하신 주님,

주현절을 보내며
주를 만나러 이곳에 모인 우리를

자비와 사랑으로 맞아 주소서.

말씀이 육신이 되어
빛으로 이 땅에 오신 주를
바라봅니다.

그 빛 되신 그리스도를 바라볼 때,
우리는 이 세상을
어떻게 살아가야 할지를
깨닫게 됩니다.

그리스도의 뒤를 따르게 하시고,
그의 길로 가게 하셔서

우리의 삶이
정의와 사랑으로
넘쳐나게 하소서.

오늘 드리는 예배를 통하여
그 길을 걸어가는 우리에게
힘과 용기를 주소서.

십자가 위에서
그 길을 몸소 보여 주신

우리 주 예수 그리스도의 이름으로 기도합니다.

아멘.

이제는 주께 집중해 보려 합니다 7주

생명과 진리 되신 주님,

우리를 분주한 세상으로부터 불러내시고

세상이 줄 수 없는 평안을 주시기 위해
주의 품으로 인도하시니 감사합니다.

분주함, 염려, 걱정, 아픔 등—
우리의 삶을 불안하게 만드는 모든 것들을
지금, 십자가 앞에 내려놓습니다.

이제는, 평화와 안식의 마음으로
주께 집중해 보려 합니다.

우리가 주의 자녀인 것이
참으로 자랑스럽고 기쁩니다.

이 은혜를 듬뿍 누리는
예배가 되게 하소서.

예배를 드리는 동안
삼위일체 하나님의 따스한 손길을 경험하게 하시고,

우리의 마음이
넉넉한 하늘의 은총으로
채워지게 하소서.

더불어,
세상을 이길 힘을 얻고 돌아가는
귀한 시간 되게 하소서.

십자가 위에서 죽으시고
사흘 만에 부활하셔서
우리에게 하늘의 기쁨을 선물로 주신

예수 그리스도의 이름으로 기도합니다.

아멘.

왜 우리의 마음은 여전히 척박하기만 할까요 8주

사랑하는 주님,

우리가 사는 이 고장은
우기를 맞았습니다.

비가 와서 조금 불편을 느끼는 것은
우리 인간의 이기적인 생각일 뿐—

만물은 비 오는 것을 기뻐하고 있다는 걸
푸르러지는 산을 보니 알겠습니다.

주님,

비가 오면
우리의 마음도 산처럼 푸르러지면 좋겠는데,

왜 우리의 마음은
비가 와도 여전히 척박하기만 할까요?

아마도,
우리 마음에 필요한 것은 저 비가 아니라
성령이어서 그렇겠지요.

사랑하는 주님,

오늘 우리가 드리는 이 예배가
성령의 단비가 내리는 예배 되게 하소서.

그 단비를 흠뻑 맞고
우리의 영혼이 푸르게 변화되어

마음이 더 넉넉해지는
은총을 입게 하소서.

생명 자체이신
우리 주 예수 그리스도의 이름으로 기도합니다.

아멘.

이제 우리는 주께서 우리에게 하시는 말씀을 들으려 합니다 9주

우리와 함께하시는 주님,

세상의 모든 아우성들을 들으시는 주님,

그래도 피곤치 않으시고
주무시지도 않으시는 주님,

우리는
주의 그 사랑과 은혜에 감사하는 마음을 담아

우리의 아우성들을 잠시 십자가에 내려놓고

침묵 가운데 주님 앞에 나아옵니다.

이제 우리는
우리의 말을 주께 늘어놓는 것이 아니라,

주께서 우리에게 하시는 말씀을
들으려 합니다.

지난 한 주간
우리를 괴롭혔던 수많은 일들로부터 벗어나

우리에게 평안을 주시는
하나님 앞에 나아왔사오니—

주여,
우리에게 하늘의 위로를 내려 주소서.

그 누구에게도 들을 수 없었던
주의 말씀으로,

새 힘을 얻는
거룩한 시간이 되게 하소서.

우리의 힘이신
예수 그리스도의 이름으로 기도합니다.

아멘.

영광의 자리에서 고난의 자리로 10주 × 산상변모주일

주님,

변모주일에
우리도 베드로와 야고보와 요한의 마음으로
주님 앞에 나아와 예배드립니다.

주의 영광을 바라보는 우리의 마음은
두렵고 떨립니다.

우리도 그 영광의 그늘 아래서
초막을 짓고 영원히 살고 싶습니다.

그러나 주께서는,
아직 할 일이 많이 남아 있다며

우리를 영광의 자리에서
고난의 자리로 이끄시는 줄 믿습니다.

주님,

우리의 생명이 다하는 날까지,

괴로웠지만 행복했던 인자

예수 그리스도처럼

십자가를 지고 살아가게 하소서.

그것이 이 땅에서
우리가 누릴 수 있는
가장 영광스러운 삶임을 믿습니다.

십자가 위에서 피로 값 주고 우리를 사신
예수 그리스도의 이름으로 기도합니다.

아멘.

사십 일간의 여정을 통해 11주 ✕ 사순절 1

주님,

우리는 사순절에 들어와 있습니다.

사십 일간의 여정을 통해
주님과 더 가까워지고,
정체성을 바로 세우며,
사명을 좀 더 깊이 깨달아

우리의 삶이
더욱 풍성해지고 복되기를 원합니다.

주님,
우리의 삶은
기쁘기도 하고, 힘들기도 합니다.

기쁠 때에는
찬송과 감사로 주님을 바라보게 하시고,

힘들 때에는
자비와 은총을 간구하며
주님을 바라보게 하소서.

그리하여
기쁠 때나 힘들 때나
우리의 삶을 주님께 드리게 하소서.

어떠한 경우에도
어리석은 행동을 삼가게 하시고,
죄악에 빠지지 않도록
우리를 도와주소서.

이 예배를 통하여
기쁠 때나 힘들 때나
주와 동행하는 법을 배우게 하소서.

광야에서 마귀에게 시험당하셨으나
말씀으로 물리치신

우리 주 예수 그리스도의 이름으로 기도합니다.

아멘.

무엇이든 주의 이름으로 행하게 하소서 12주 ✕ 사순절 2

주님,

사순절 두 번째 주일을 맞아
우리를 불러 주신 은혜에 감사하며
이 거룩한 자리에 나왔습니다.

우리의 발걸음을 인도하시는
주의 자비로운 사랑은,
우리가 사망의 음침한 골짜기를 다닐지라도
우리를 지켜 주시는 줄 믿습니다.

주님,

모든 것이 메말라 가는 이 시대에
영원히 마르지 않는 샘이신 주의 사랑을
사모하고 갈망합니다.

어렵고 힘들 때일수록
주의 이름을 마음속 깊이 품게 하시고,

법궤를 메고 요단강을 건넜던
주의 백성들처럼

우리도 무엇이든지
주의 이름으로 행하게 하소서.

사랑으로 우리를 이끄시는
예수 그리스도의 이름으로 기도합니다.

아멘.

잘 오르고 잘 내려오도록 13주 X 사순절 3

주님,

사순절 세 번째 주일입니다.

우리의 삶에는
오르막도 있고
내리막도 있습니다.

그때마다
적당한 힘을 주시어
잘 오르고, 잘 내려오도록
도우시는 주님의 사랑을 믿습니다.

주님,

이 주일 예배를 통하여
리추얼*의 힘을 배우게 하소서.

시간으로 밀고 들어오시는
하나님의 은혜와 능력을
오롯이 받는 법을 배워

나날이 사는 게

힘들어져 가는 이 세상에서

꺾이지 않고,
주신 생명을 잘 살아 내는
믿음의 자녀가 되게 하소서.

십자가 사랑으로
우리에게 구원을 선물로 주신
예수 그리스도의 이름으로 기도합니다.

아멘.

* 리추얼(ritual, 禮典): 리추얼(예전)은 어질러진 시간과 공간에 질서를 부여한다. 밥 먹기 전에 드리는 기도, 잠들기 전, 또는 잠자리에서 일어나 드리는 기도, 마음이 불안할 때 켜는 촛불, 함께 모여 드리는 공예배 등, 우리가 '예수 그리스도의 이름'으로 행하는 모든 리추얼은 우리의 마음을 불안하게 하고 분노하게 하고 우리를 고립시키고 우리의 욕망을 자극하는 세상에 맞서, 그리고 우리에게 또다른 구원이 필요한 듯한 메시지를 던지는 것들에 맞서 우리의 시간과 공간, 우리의 삶은 이미 예수 그리스도 안에서 구원 받았음을 선포하며 우상(우리의 믿음을 저하시키고 우리를 그리스도의 사랑에서 끊어 놓으려 하는 것들)에 저항하는 신앙의 행위이다.

때로 우리는 의미를 잃고 방황합니다 14주 ✕ 사순절 4

사랑의 주님,

사순절 네 번째 주일을 맞아
예배를 배우기 위하여 이 자리에 나왔습니다.

늘 드리던 예배지만,
우리는 때때로 예배가 무엇인지,
그 의미를 잃어버리고 방황합니다.

습관처럼 발걸음을 옮기다 보니
예배가 가진 능력을 경험하지 못하고,
빈손으로 돌아갈 때가 많습니다.

예배 가운데 임하시는 주님,
오늘의 예배를 통하여
우리에게 예배의 진심을 가르쳐 주소서.

우리의 예배가 복되게 하시고,
우리가 일상에서 하는 일 중
가장 강력한 믿음의 행위가 되게 하소서.

예배를 통하여
우리의 삶을 이끌어 가는

믿음의 자녀가 되게 하소서.

삶 자체가 예배이신
예수 그리스도의 이름으로 기도합니다.

아멘.

우리는 연약하지만 15주 × 사순절 5

우리에게 말씀을 주시는 주님,

주의 말씀을 사모하여
이 시간, 한 마음으로, 그리고 한 몸으로
주 앞에 나왔습니다.

여호수아의 여리고 성 전투와
아이 성 전투를 통하여
중요한 신앙의 교훈을 배우게 하소서.

우리는 연약하지만,
주의 말씀이 우리에게 주어지면
우리의 삶은 역전된다는 것을 믿습니다.

우리에게
주의 말씀을 들려주소서.

벌써 사순절 다섯 번째 주일입니다.
사순절이 지나고 부활절이 다가올수록
우리의 신앙이 더 깊어지고, 단단해지게 하소서.

그리하여 부활하신 주와 함께
삶을 기뻐하며 살아가는

하나님 나라의 자녀가 되게 하소서.

십자가 위에서 새로운 세상을 여신
예수 그리스도의 이름으로 기도합니다.

아멘.

지금 우리를 구원하여 주소서 16주 ✕ 종려주일

나귀 타고 우리 곁으로 오신 주님,

종려주일을 맞아
한마음으로 호산나를 외쳐 부릅니다.

"주의 이름으로 오시는 이여,
호산나!"

주여, 지금 우리를 구원하여 주소서.

평안한 것 같으나 평화가 없고,
괜찮은 것 같으나 엉망인
우리의 삶에 오셔서

우리를 구원하여 주소서.

예수께서 우리에게 보여 주신
구원의 길을 따라가며
참 생명을 얻기 위하여
함께 모여 예배드리오니,

주여, 우리의 예배를 받으시고,
우리가 전혀 예상치 못한 방식으로

구원을 봄비처럼 부어 주소서.

나귀 타고 예루살렘에 입성하여
고난 당하시고,
성문 밖 십자가에 달려 죽으심으로
우리를 구원하신

예수 그리스도의 이름으로 기도합니다.

아멘.

예배는 삶의 고백이며 삶의 태도이며 우리의 인격임을

17주 ╳ 부활절

주님,

부활절을 맞아
우리는 이곳에 부활의 증인으로 섰습니다.

오늘 예배를 통하여
부활의 증언이 무엇인지를 알게 하시고,
우리의 삶의 현실 속에서
부활의 증언이 어떻게 이루어져야 하는지를
배우게 하소서.

더불어,
세상에서 벌어지는 불의한 일들에 대하여
통회하는 마음으로,
마치 우리가 지은 죄인 것처럼 회개하게 하시고

"우리는 아무것도 할 수 없다"고
자포자기하지 않게 하시며,
말할 수 없는 탄식으로 우리를 위하여
간구하시는 성령께 의지하여

우리가 할 수 있는
가장 신실한 영적 무기인 기도를 통하여

하나님의 의가 이 땅에 이루어지도록
간구하고 또 간구하는 믿음의 자녀가 되게 하소서.

주님,
우리가 드리는 이 예배는
우리의 고백이며, 삶의 태도이며,
우리의 인격인 줄 믿습니다.

그러므로 이 예배를 신령과 진정으로 드리오니,
받아 주시고,
우리에게 생명보다 귀한 하늘의 은총을
넘치도록 부어 주소서.

우리에게 생명과 은총을 주시기 위하여
십자가에 달려 죽으셨다가
사흘 만에 부활하시어 생명의 주님이 되신,

우리 주 예수 그리스도의 이름으로 기원합니다.

아멘.

우리는 부활의 주를 바라볼 수밖에 없습니다

18주 ✕ 부활절 2*

사망 권세 이기시고 부활하신 주님,

우리는 주의 부활을 믿습니다.
부활은 우리의 간절한, 그리고 유일한 소망입니다.

주님,
삶을 돌아보면
무덤에 머물러 있는 것들이
너무도 많습니다.

무덤에서 어떻게 빠져나와야 할지
도무지 몰라
절망하고, 낙심하며 삽니다.

주님,
우리는 부활의 주를 바라볼 수밖에 없습니다.

상전의 손을 바라보는 종들의 눈 같이,
여주인의 손을 바라보는 여종의 눈 같이,
우리의 눈이 여호와 하나님을 바라보오니**

주여,
우리를 불쌍히 여기시고,

무덤에 머물러 있는 우리 삶의 모든 것을
부활시켜 주소서.

부활의 주,
예수 그리스도의 이름으로 기도합니다.

아멘.

---

* 교회력에서 부활절 첫째 주일은 부활절 저녁 예배를 가리킨다. 그렇기에 부활절 다음 주일에 맞이하는 주일은 부활절 두 번째 주일로 부른다.
** 시편 123:2.

부활의 주를 뵈오니 우리의 영혼이 되살아나는 듯합니다 19주 ✕ 부활절 3

부활의 주님,

우리가 다 함께 모여
찬양 드리나이다.

만물이 소생하는 봄에
부활의 주를 뵈오니
우리의 영혼이 되살아나는 듯합니다.

정신을 똑바로 차리지 않으면
세상이 주는 고기와 밥에 이끌려
노예로 살아갈 수밖에 없는 이 시대에,

우리에게 바라보아야 할 목표를 주시니 감사합니다.

믿음의 주요,
우리를 온전케 하시는 주만 바라보오니,

주여,
오셔서 우리를 구원하시고,
우리의 삶을 참된 평화로 채워 주소서.

우리가 드리는 이 예배를 통하여

부활의 주만 바라볼 수 있는 믿음을
굳건하게 하소서.

모두가 바라볼 수 있도록
십자가에 달려 죽으신
예수 그리스도의 이름으로 기도합니다.

아멘.

우리가 꺾이지 않고 소망을 가질 수 있는 이유는

20주 ✕ 부활절 4

부활의 주님,

우리는 주의 호흡을 통해 생기를 얻고
하루하루를 살아가는
주의 백성입니다.

주께서 우리에게 공급해 주시는 그 생기는
이 세상 어떤 것보다 귀하고 정결합니다.
그래서 우리는 온갖 공해를 들이켜면서도
존귀함을 잃지 않을 수 있습니다.

주님,
부활은 생명이고, 역전이며, 저항입니다.

육신의 눈이 매일 목격하는 것은
온갖 폭력이 난무하는
타락하고 죄 많은 세상이지만,

우리가 그러한 세상에 꺾이지 않고
낙심하지 않으며,
소망을 가질 수 있는 이유는
부활을 믿기 때문입니다.

그래서 우리는 이 세상을 살아가면서
역전의 용사로,
온갖 유혹과 악한 일에 저항하며
살아갈 수 있습니다.

주님,
우리가 드리는 예배는
주의 생기가 넘치는
생명 그 자체임을 믿습니다.

예배드리는 우리들에게
거룩한 생기를 불어넣어 주소서.

우리 주 예수 그리스도의 이름으로 기도합니다.

아멘.

누려 온 은총에 감사하고 누리게 될 은총을 기대하게 하소서 21주 ✕ 부활절 5

여기까지 도우신 에벤에셀*의 하나님,

주께서 사망 권세를 이기고 다시 사신 지
다섯 번째 주일을 맞아
주의 백성이 이곳에 모였습니다.

여러모로 마음이 특별한 이 날,
우리에게 위로와 기쁨과 은총을 부어 주소서.

그리하여
누려 온 주의 은총에 감사하게 하시고,
누리게 될 주의 은총을 기대하게 하소서.

그리스도 안에서
한 몸, 한마음으로 드리는
우리의 예배를 받아 주소서.

봄날의 햇살보다 따스하고 빛나는
주의 얼굴을 비추어 주사

우리의 삶을 힘들고 어렵게 하는 모든 문제들이
눈 녹듯이 사라지게 하소서.

우리의 소망,
예수 그리스도의 이름으로 기도합니다.

아멘.

---

* 사무엘상 7:12. 여호와께서 여기까지 우리를 도우셨다는 뜻으로, 이스라엘이 블레셋과의 전투에서 이긴 것을 기념하고자 세운 비석의 이름이자 지명.

다시 힘을 내고자 22주 × 부활절 6

사랑으로 우리를 길러 주시는 주님,

부활절 여섯 번째 주일을 맞아
주의 사랑에 힘입어 한마음으로 모여
주님을 예배합니다.

새로운 마음으로 주 앞에 나아와,
솔로몬이 성전을 봉헌하며 드렸던
일천번제의 기쁨을 기억합니다.

또한 포로에서 귀환하여
어렵고 고단한 형편 가운데
이스라엘 백성이 올려 드렸던
감격의 예배를 떠올립니다.

여러모로 힘들고 어려웠던 그들에게
주께서 느헤미야의 입술을 통하여 말씀하셨습니다.

"이 날은 우리 주의 성일이니 근심하지 말라.
여호와로 인하여 기뻐하는 것이 너희의 힘이니라."*

주님,
지난 세월 우리에게 부어 주신 은총을 기억하며

다시 힘을 내고자 이 자리에 나왔습니다.

우리에게 힘을 주소서.
그 힘으로 뜻을 모아,
주의 몸 된 교회를 잘 세워 가게 하소서.

우리의 예배를 받아 주시고,
주의 뜻을 이루소서.

우리의 힘이신,
예수 그리스도의 이름으로 기도합니다.

아멘.

* 느헤미야 8:10

주님이 계시지 않으면 23주 X 부활절 7

보이지 않으시지만,
그 어떤 것보다 확실하게 존재하시는 주님,

주님은 모든 생명과 물질의 토대이십니다.

주님이 계시지 않으면
세상에 존재하는 모든 것은
그저 무(無, nothing),
공허로 사라지고 말 것입니다.

주님,
우리는 그것을 알고, 믿고, 고백하는 주의 백성입니다.

주의 선하심과 인자하심,
그리고 어디에나 계신 주의 편재하심을 찬양하기 위하여
이 시간 모였습니다.

주님, 우리의 예배를 받아 주소서.

고백합니다.
예배는 생명을 가진 우리가 할 수 있는
가장 거룩하고 아름다운 일입니다.

예배할 때,
우리의 생명은
가장 거룩하고 아름다운 빛을 발합니다.

주여, 우리의 예배를 받으시고,
우리의 삶이 주 안에서 날마다
거룩하고 아름다울 수 있도록 인도하소서.

그리하여,
우리의 삶이 마침내 지복(至福)에 이르도록
주님, 우리와 함께하소서.

우리 주 예수 그리스도의 이름으로 기도합니다.

아멘.

성령이여, 오시옵소서 24주 ※ 성령강림절

성령이여, 임하소서.
성령이여, 오시옵소서.

성령이여,
오셔서 우리의 심령을 새롭게 하소서.
성령이여,
오셔서 우리의 메마른 마음에 활기를 주옵소서.

성령이여,
오셔서 우리의 아픈 마음을 위로하소서.
성령이여,
오셔서 우리의 아픈 몸을 치유하소서.

성령이여,
오셔서 우리의 부족함을 채워 주소서.
성령이여,
오셔서 우리의 삶이 생명력 넘치게 하소서.

성령이여,
오셔서 이 땅을 고치소서.
성령이여,
오셔서 교회를 새롭게 하소서.
성령이여,

오셔서 우리 서로 더 사랑하게 하소서.

삼위일체 하나님께 영광!
우리의 예배를 받으시는 주님께 영광!

아멘. 아멘. 아멘.

우리는 삼위 하나님의 꽃다운 임재에 눈멀었습니다
25주 ✕ 삼위일체주일

성부, 성자, 성령.
삼위일체로 존재하시는 하나님!

삼위일체주일에 우리가 모여
성삼위일체 하나님을 찬양합니다.

우리는
삼위 하나님의 향기로운 말소리에 귀먹고,
삼위 하나님의 꽃다운 임재에 눈멀었습니다.

그 존재 방식이 너무도 신비로워
우리의 생각과 이성은 멈췄습니다.

인간의 부족한 언어로는 감히 다 말할 수 없는
삼위 하나님의 신비에 감복하고, 탄복하며,
주 앞에 엎드립니다.

주여,
우리에게
삼위 하나님을 조금이라도 경험할 수 있는
은혜와 사랑을 부어 주소서.

그리하여

우리의 평생에 그 어느 것보다도
삼위 하나님의 신비를 찬양하며,
삼위 하나님이 이끄시는 삶을 살아갈 수 있도록
우리와 함께하소서.

십자가 위에서 삼위 하나님의 신비를
몸소 보여 주신 예수 그리스도의 이름으로 기도합니다.

아멘.

우리의 삶이 무너지지 않도록 26주

우리의 삶이 무너지지 않도록
지탱해 주고 계신 주님,

우리는 이미 무거운 짐을 주께 맡겼지만
그래도 우리를 괴롭히고 힘들게 하며
삶을 무겁게 만드는 짐들을 또 맡기고자
이 시간 주 앞에 나왔습니다.

주님,
삶이 가벼워진다는 것이 무엇일까요.

빈손으로 와서 빈손으로 갈 인생인데,
왜 우리의 삶은 이토록 무겁기만 한가요.

이 삶의 신비 앞에서 어리둥절한 우리들에게
말씀을 주소서.

오직 주의 말씀만이
우리의 삶을 밝히 비추고
우리의 영혼을 가볍게 할 수 있습니다.

주님,
우리의 예배를 받아 주시고,

예배당에 머물다 돌아가는 우리의 발걸음을
암사슴의 발걸음보다 가볍게 하소서.

십자가 위에서
우리의 모든 무거운 짐을 가볍게 하신
예수 그리스도의 이름으로 기도합니다.

아멘.

무너진 것을 다시 세워 주시는 주님 27주

무너진 것을 다시 세워 주시는 주님,

주가 계시기 때문에
무너져도 무너진 것이 아니고,
무너져도 다시 일어설 수 있습니다.

우리 피조물들의 존재는
바람에 나는 겨와 같이 연약하지만,
그 생명의 토대가 주님이시기에
우리가 주 안에 있는 한,
그 무엇도 우리의 존재를 얕보거나
무너뜨릴 수 없습니다.

그러니 주님,
우리가 힘을 낼 수 있도록 도와주소서.

우리를 무너뜨리려는 어떠한 위협에도
굴복하지 않게 하시고,
무너지는 경험을 하더라도
낙심하거나 절망하지 않게 하소서.

삶의 토대이신 주님을 바라보며,
선하신 주의 손을 붙잡고

다시 일어서게 하소서.

예배는
생명의 토대를 주님께 두는 거룩한 일이오니,

주여,
우리의 예배를 받으시고,
우리의 삶을 든든하게 하소서.

십자가 위에서
이 놀라운 신비를 몸소 가르쳐 주신
예수 그리스도의 이름으로 기도합니다.

아멘.

우리에게 모든 것을 안겨 주시는 주님 28주

우리에게 모든 것을 안겨 주신 주님,

주께서 주신 것을 가장 거룩하고 아름답게 사용하고자
주 앞에 나와 예배드립니다.

이 시간,
주께서 우리에게 주신 것을
거룩하고 아름답게 사용하는 법을 가르치소서.

배우지 않으면 우리는 어느새
주께 받은 것을 가지고
자신을 망가뜨리고, 이웃을 해칠지도 모릅니다.
무심코 저지르게 될지도 모릅니다.

주님,
우리는 주께서 우리에게 주신
몸, 시간, 물질 등 모든 것을
거룩하고 아름답게 사용하고 싶습니다.

예배의 자리에 나온 우리들에게
주의 말씀을 들려주사,
우리가 받은 모든 것을 통하여
주님을 영화롭게 하고,

삶을 복되게 가꾸어 가는
존귀한 주의 백성이 되게 하소서.

십자가 위에서 진리의 삶이 무엇인지
우리에게 몸소 보여 주신
예수 그리스도의 이름으로 기도합니다.

아멘.

그 나라로 우리를 불러 주시는 주님 29주

그 나라로 우리를 불러 주시는 주님!

우리는 그리스도의 십자가를 통하여
하나님 나라의 시민이 되었습니다.

그 나라는 이 세상의 나라와 같지 않아서,
사랑과 진리가 만나고
정의와 화평이 입맞추는 곳입니다.

주님,
성령 안에서 성장을 꿈꾸는 우리들에게
성령의 은혜를 한여름 장맛비처럼 부어 주소서.

성령이 아니고서는
하나님 나라의 시민으로 자라날 수 없사오니,
주의 성령을 부어 주사
우리를 하나님 나라의 시민으로
날마다 새롭게 다시 태어나게 하소서.

그리하여
사랑과 진리가 만나고
정의와 화평이 입맞출 때까지
낙심하지 말고, 포기하지 말고,

죄 많은 이 세상을 보듬어 안으며 살게 하소서.

주께서는 예배의 시간과 공간에
그 어느 때보다 충만히 임하시는 줄 믿사오니,

주여,
우리의 예배를 받으시고
우리에게 신실한 믿음을 선물로 주소서.

우리 주 예수 그리스도의 이름으로 기도합니다.

아멘.

우리를 광야로 부르시는 주님 30주

우리를 광야로 부르시는 주님,

우리가 주의 부르심에 순종하여
화려한 도시로 가지 아니하고
외치는 자의 소리가 있는 광야로 나왔습니다.

교회는 광야입니다.
교회에는 선지자가 있고, 말씀이 있고,
죄사함과 축복이 있으며
주의 임재하심이 있습니다.

주님,
이 광야 같은 교회에서
우리도 그리스도처럼 하늘의 음성을 듣게 하소서.

그리할 때
우리의 모든 고통과 고민이
눈 녹듯이 사라지며,
우리의 마음은 다시 생기를 되찾게 될 것입니다.

주님,
광야에서 드리는 우리의 예배를 받으시고,
우리에게 하늘의 위로를 내려 주소서.

광야에서 시험당하시고
우리에게 구원을 가져다주신
예수 그리스도의 이름으로 기도합니다.

아멘.

우리에게는 아버지가 계시니 31주

하나님 아버지,

우리에게 주님을 아버지라 부를 수 있도록
그리스도를 통하여 허락해 주시니
감사와 찬송을 올려 드립니다.

주님을 이렇게 친밀하게 부를 수 있는 덕분에
우리는 두려움보다 행복한 마음을 가지고
이 자리에 나와 예배드릴 수 있습니다.

살다 보면
힘들고 어려운 일, 억울하고 답답한 일이 많지만,
그래도 우리에게는 아버지가 계셔서
하소연할 수 있고, 위로받을 수 있으며
기운을 다시 차릴 수 있으니 감사합니다.

하나님 아버지,
이 거룩한 시간,
이 따스한 시간,
이 신비한 시간에 우리가 모여
아버지의 사랑을 사모합니다.

예배를 받으시고

지친 우리의 마음과 영혼을 어루만져
온몸에 생기를 불어넣어 주소서.

우리가 주님을 '아바 아버지'라 부를 수 있도록
십자가에 달려 죽으시고 부활하신
예수 그리스도의 이름으로 기도합니다.

아멘.

뜨겁게 우리를 사랑하시는 주님 32주

뜨겁게 우리를 사랑하시는 주님,

그 사랑이 십자가를 통해
흘러흘러 넘쳐 우리를 덮습니다.

그 사랑은 공기와 같아서,
숨쉬는 순간마다
우리의 생명을 보듬어 안습니다.

주님,
우리는 형용할 수 없을 정도로
주의 사랑을 받는 자녀들입니다.
그 사랑 안에서 세상을 바라보고
그 사랑 안에서 살아가게 하소서.

이 땅 위에 오신 독생자 예수 그리스도의 삶은
매 순간이 구원의 삶이었습니다.

예수를 따라 나선 우리의 삶도
그분을 참되게 닮게 하셔서
우리가 행하는 모든 것이
구원의 행동, 곧 사역이 되게 하옵소서.

자기를 내어 주어 구원을 이루신 그리스도처럼,
성령의 은혜에 힘입어
우리도 우리 자신을 내어 놓아
구원을 이루며 살게 하소서.

우리의 예배는
그러한 삶을 향한 결단이오니,
주여, 우리의 예배를 받으시고
주의 뜻을 이루소서.

삶으로 아버지의 사랑을 우리에게 보여 주신
예수 그리스도의 이름으로 기도합니다.

아멘.

우리의 비참함을 아시는 주님 33주

주님,

인간이 몸담고 살아가는 시간과 공간은 악하여
우리가 아무리 선한 일을 하려 애써도
마음먹은 대로 잘 되지 않습니다.

그래서 우리는 우리의 의도와 노력과는 상관없이,
또는 그 반대의 결과로
어려움에 처하게 되고,
어딘가에 매인 노예가 되어 버리기 십상입니다.

그러한 우리의 비참함을 아시는 주님,
주께서는 지금도
우리를 이러한 곤경에서 꺼내 주시기 위하여
끊임없이 일하고 계십니다.

주님은
"사냥꾼의 올무에서 벗어난 새"와 같이*
우리를 자유케 하십니다.
그러한 주의 의지와 사랑은
만물에, 그리고 성경에 새겨져 있습니다.

주님,

우리가 함께 예배드리며
우리를 자유케 하시는 그 의지와 사랑을 배우기 원합니다.

그리고 실제로,
주의 은총으로 인해
우리 스스로 우리를 가두어 놓고 있는 올무에서
벗어나길 원합니다.

우리의 예배를 받으시는 주님,
예배드리는 동안
우리의 비참한 모습을 보게 하시고,
주의 은총을 간구하여
참된 자유를 얻게 하소서.

십자가 위에서 온몸으로 우리를 자유케 하신
예수 그리스도의 이름으로 기도합니다.

아멘.

*　시편 124:7.

이 땅을 고치기 위하여 오신 주님 34주

이 땅을 고치기 위하여 오신 주님,

우리의 눈을 뜨게 하사
우리가 처한 현실을 있는 그대로 바라보게 하소서.

우리의 눈은 너무도 나 자신에게만 집중되어 있어
불행이 나에게 닥칠까 봐 안절부절 못하면서도,
조금만 시선을 돌리면 보이는
이웃의 아픔과 세상의 고통은 잘 보지 못합니다.

그러다 보니,
우리는 우리가 배부른 것에 만족하며
그냥 그 자리에 앉아 주님을 찬양하고,
기뻐하고, 감사하고,
거기서 그치고 맙니다.

세상 모든 민족이 구원을 얻기까지 쉬지 않으시는 주님,

이 세상에 한 사람이라도 배고픈 자가 있다면
우리의 배부름은 헛된 것이고,
고통당하는 자가 있다면
우리의 평안은 헛된 것입니다.

이 시간, 한 사람도 빠짐없이 구원하시기 위하여
십자가에서 죽으신 뒤,
고통과 절망 가운데 죽은 자들이 머무는
음부까지 내려가셨던 그리스도를 기억합니다.

이 불안하고 죄 많고,
폭력적이며 경쟁적인 세상에서
신음하는 생명들을 생각하며
예배를 올려 드립니다.

부족한 예배이지만 받아 주시고,
우리의 손이 짧아서 거기에 미치지 못할 때는
주께서 친히 그들을 돌보아 주소서.

세상의 모든 고통을 짊어지시고
십자가에서 죽으셔서 우리에게 새 세상을 열어 주신
예수 그리스도의 이름으로 기도합니다.

아멘.

우리에게 좋은 땅을 주시려는 주님 35주

좋은 땅을 주시기 원하시는 주님,

우리에게 좋은 땅을 주시려는
주님의 따뜻한 마음에 감사드리며,
겸손하고 간절한 마음으로 예배드립니다.

열심히 노력한 만큼 결실을 맺는
좋은 땅을 얻을 수 있으면 좋겠지만,
현실은 그렇지 못해
때로 낙심하고 절망할 때도 있습니다.

그러나
우리가 다시 힘을 낼 수 있는 이유는
지금도 주님께서
우리를 위해 좋은 땅을 일구고 계심을
믿기 때문입니다.

주님,
우리를 불러 그 소망을 알게 하시고,
그 소망을 붙들고 살게 하소서.

지친 마음,
상한 마음,

곤한 마음,
그리고 연약한 우리의 몸을 어루만져 주시어
회복의 은혜를 입게 하소서.

우리에게 좋은 땅이 되시기 위하여
십자가에 달리신
예수 그리스도의 이름으로 기도합니다.

아멘.

우리를 치유하소서 36주

주님,

우리는 치유받아야 할 것이 많습니다.
치유가 필요하지 않은 사람이 없습니다.

우리는 두려운 마음으로,
그리고 절실한 마음으로
주 앞에 나와 간구합니다.
우리를 치유하소서.

그러나 너무도 자주,
우리는 주님의 구원을
제대로 경험하지 못할 때가 많습니다.
무엇이 잘못된 것일까요.

주님,
오늘 이 예배를 통하여
우리의 모습을 정직히 응시하게 하소서.

그리하여 치유받아야 할 삶의 모습을
감추지 않고 주께 드려
속 시원하게 치유받는 역사가
이 시간 우리 안에 일어나게 하소서.

불쌍한 우리를 불러 주신 주님,
우리의 아픔을 주께 드리오니,
그 권능과 사랑의 손으로
우리 모두를 치유하여 주소서.

치유자 예수 그리스도의 이름으로 기도합니다.

아멘.

우리를 불러 새 일을 행하시는 주님 37주

우리를 불러 새 일을 행하시는 주님,

주께서 행하시는 그 새 일에 우리를 참여시키시고
그 참여를 통하여
우리가 누구인지 알게 하시며
우리의 삶을 가치 있고 의미 있게 만들어 주시니
존귀와 찬송과 영광을 올려 드립니다.

성경이라는 숲에서
우리는 걷기도 하고, 뛰기도 하고
때로 멈추어 상념에 잠기기도 합니다.

그 숲에서 오래 놀다 보면,
어느덧 우리는 주의 보이지 않는 손길과 숨결 덕분에
주의 자녀로 거듭나 있습니다.

주님,
하나님 나라가
우리 삶의 진짜 현실이고 희망인 것을
밝히 깨달아 알게 하소서.

그리하여
우리가 어떻게 살아야 하는지,

무슨 일을 해야 하는지 깊이 깨우치게 하셔서
자발적이고 기쁜 마음으로
주의 새 일에 동참하게 하소서.

이 길을 먼저 걸어가신 그리스도를 기억합니다.
우리에게 신실한 길벗을 주셨사오니,
주여, 두려워하지 말고 담대하게
그 길을 따라가게 하소서.

십자가 위에서 새 일을 시작하신
예수 그리스도의 이름으로 기도합니다.

아멘.

차별 없는 세상을 만들어 가게 하소서 38주

우리를 차별하지 않으시는 주님,

그 사랑에 감사를 드리며
겸손히 주 앞에 나아옵니다.

세상을 살아가면서
차별받는 것만큼 삶을 초라하게 만드는 것도 없습니다.
서로 소중히 여기고, 아끼고, 도우며 살면 참 좋겠지만
우리는 왜 서로를 차별하고
서로의 마음을 아프게 하는 걸까요.

이것은 분명, 우리가 죄인이라는 뜻이며
거듭나야 할 존재임을 보여 주는 일입니다.

주님,
이방인이었던 수로보니게 여인은
차별 때문에 자녀를 잃을 수도 있었지만,
예수 그리스도를 만남으로
차별의 장벽을 넘고
자녀의 생명을 되찾았습니다.

우리도 때로는
삶 속에서 수로보니게 여인처럼

무력하고 가치 없는 존재처럼 여김받지만,
주여, 우리에게도 그 여인처럼
믿음의 용기와 담대함을 주소서.

그리하여
어떠한 차별에도 굴하지 않고
그 벽을 넘어서
차별 없는 하나님 나라에 들어가게 하소서.

그리고 그 믿음과 힘으로
차별 없는 세상을
우리 삶 속에서 만들어가게 하소서.

십자가에서 온몸으로
차별의 벽을 허무신
예수 그리스도의 이름으로 기도합니다.

아멘.

주께서 우리를 사랑으로 이끌어 주시기에 39주

우리를 죽기까지 사랑하시는 주님,

그 사랑이 없다면
우리의 삶은 얼마나 소망이 없을까요.
생각만 해도 끔찍합니다.

사랑을 찾아보기 힘든 세상이지만
그래도 우리가 힘을 낼 수 있는 것,
우리를 짓누르는 악을 이겨 내며
사랑의 기운을 낼 수 있는 이유는
무엇보다
주께서 우리를 사랑으로 이끌어 주시기 때문입니다.

주님,
우리에게 교회를 주시고
그 교회에 속하여 주를 섬기게 하시니 감사합니다.
교회는 주님의 몸이고,
그 몸은 사랑으로 가득 차 있기 때문에
인간의 죄악이 아무리 휘몰아쳐도
그 사랑으로 가득한 교회는 결코 무너지지 않습니다.

부족하고 죄 많은 인생이지만
주의 몸된 교회에 인생의 닻을 내릴 때,

우리의 인생이 그 사랑 안에서
점점 회복되어 가는 줄 믿습니다.

따뜻한 소망을 품고 한마음으로 드리는
우리의 예배를 받아 주소서.

우리의 참 소망,
예수 그리스도의 이름으로 기도합니다.

아멘.

우리는 주의 사랑과 은혜가 필요합니다 40주

우리를 사랑하시는 주님,
이 세상에서 우리가 경험할 수 있는
가장 거룩한 사건의 현장으로
우리를 불러 주셔서 감사합니다.

예배는 주를 향한 우리의 마음을 담아 내는 시간이지만,
동시에 주께서 우리에게
하늘의 은총을 아낌없이 부어 주시는
거룩한 시간임을 믿습니다.

거룩한 사건을 경험하며
모세가 신발을 벗었던 것처럼
우리도 이 시간,
겸손한 마음으로 신발을 벗고
주님 앞에 섰습니다.

주님,
우리는 주의 사랑과 은혜가 절실히 필요합니다.

온갖 것들이 구원을 주겠노라 유혹하지만
삶의 고통스러운 현실을 이길 수 있는 힘은
오직 주님께로부터만 온다는 것을 믿습니다.

주께서 우리의 발걸음을 이곳으로 이끄셨사오니,
부르신 이 자리에서
영혼을 시원케 하시는 주의 은혜를 입게 하소서.

참 구원이신
예수 그리스도의 이름으로 기도합니다.

아멘.

주님의 숨으로 다시 숨 쉬게 된 우리 41주

우리의 숨이 되어 주시는 주님,

주님은 우리의 숨이시며,
우리의 숨을 바위이십니다.

주의 은혜가 없다면
우리는 숨 막혀 죽을 수밖에 없습니다.

주님,

이 거룩한 날,
참된 자유의 숨을 쉬는 날에
우리를 불러 주셔서 감사합니다.

우리는 이 자리에서
저 영혼 깊은 곳까지 불어넣어 주시는
자유의 숨을 들이마시고 싶습니다.

그 숨을 마음 가득 품어
우리가 만나는 모든 이들에게
숨 쉴 공간을 열어 주는
따스한 삶을 살게 하소서.

숨 막혀 죽겠다고 아우성만 늘어 가는 이 세상에서
우리를 주의 자녀로 불러 주셨사오니,
주님의 숨으로 다시 숨 쉬게 된 우리가
그 숨을 아낌없이 나누는 자 되게 하소서.

루아흐, 숨결 자체이신 성령이여,
우리를 도우소서.

십자가 위에서
우리에게 영원한 숨을 건네주신
예수 그리스도의 이름으로 기도합니다.

아멘.

우리의 말이 주의 말씀을 닮게 하시고 42주

말씀으로 세상을 창조하신 주님,

주의 말씀은 생명이고 능력입니다.

우리도 주님처럼
생명이고 능력인 말을 하여
그 아름다운 구원 사역에 동참하고 싶습니다.

그러나 주님,
우리는 연약하여
입술에서 나오는 말로 구원하기는커녕―

오히려 상처 주고 아프게 합니다.

오늘 주께 예배드리며
우리의 입술을,
우리의 말을
주의 말씀에 비추어 보기 원합니다.

우리의 말이
주의 말씀을 닮게 하시고,
말 한 마디 한 마디가
생명을 살리고 위로를 건네며,

다시 살아갈 힘을 주는
구원의 말이 되게 하소서.

그 부드런 입술에서 나오는 모든 말씀으로
생명을 구원하신
예수 그리스도의 이름으로 기도합니다.

아멘.

우리는 그리스도께 붙어 있는 가지입니다 43주

우리를 사랑하시는 주님,

우리를 너무도 사랑하셔서
그 품 안에 우리가 거하기를 바라시는 주님,

그 깊은 사랑에 감사드리며
함께 모여 주님을 예배합니다.

우리는 그리스도께 붙어 있는 가지입니다.
그리스도 안에서 행하는 것만이
진실하며 영원합니다.

그리스도 없이
아무리 좋은 일을 하려 해도
우리는 실패로 끝날 수밖에 없습니다.

예배를 통해 이 진리를 깊이 깨닫게 하시고,
무엇을 하든지 그리스도 안에서 행하게 하소서.

담장을 넘는 나뭇가지처럼
소담스러운 열매를 맺는
아름다운 삶을 이루게 하소서.

우리의 참 포도나무이신
예수 그리스도의 이름으로 기도합니다.

아멘.

성육신의 은혜와 사랑을 가르쳐 주소서 44주

성육신하신 주님,

육신을 입고 우리 곁에 오신 주님,
육신을 입고 우리처럼 되신 주님,

그 놀라운 신비 앞에
감사와 찬송과 존귀와 영광을 올려 드립니다.

우리는 때로
이 놀라운 신비를 잊곤 합니다.
그래서 주님이 우리와 함께 계시다는 사실을 망각한 채,
근심하고 절망하며 두려움에 빠집니다.

주님의 현존,
지금 우리 곁에 계신 그 은혜는
우리가 어떻게 살아가야 하는지를 보여 줍니다.

그러나 우리의 삶은 부재로 가득 차 있습니다.
몸과 마음이 따로 놀고,
슬픔과 고통에 휩싸인 자들의 곁으로 가지 못하며,
'여기 있음'의 가치와 힘을 알지 못한 채
우리는 먼발치에서 무관심하게 머뭅니다.

주님,
우리에게 성육신의 은혜와 사랑을 가르쳐 주소서.
이 예배가 바로 '여기 있음'을 배우고 실천하는
성육신의 시간이 되게 하소서.

말씀이 육신이 되어
지금 여기에 우리와 함께 계신
예수 그리스도의 이름으로 기도합니다.

아멘.

우리는 어디로 가야 할지 몰라 어리둥절한 삶을 살아갑니다 45주

우리의 인도자 되시는 주님,

우리는 어디로 가야 할지 몰라
어리둥절한 삶을 살아갑니다.

이 시간,
우리가 걸어가야 할 길이 무엇인지 배우러 왔습니다.

수많은 손짓들이 우리를 부릅니다.
"여기로 오라!"
"이 길로 가야 행복하고 안전하다!"

그러나 우리는
주님께서 가르쳐 주시는 길을 배우고 싶습니다.

그 길은
그리스도께서 걸어가신 길이며,
바울 사도가 걸어간 길이며,
구름처럼 허다한 증인들이 함께 걸어간 믿음의 길입니다.

그 길은 예루살렘으로 향하는 길입니다.

주님,

우리는 지금 어디로 향하고 있는지요?

길을 찾는 자에게 길을 가르쳐 주소서.
길을 잃은 자에게 길을 열어 주소서.
길을 걷는 자에게 힘을 주소서.

우리도
예루살렘으로 가는 길을 걷기 원합니다.
고단한 길이지만
서로의 손을 붙잡고 함께 걸어가기를 원합니다.

우리의 발걸음이
가볍고 힘 있게 하소서.

예루살렘의 길을 걸어
온 인류를 구원하신
예수 그리스도의 이름으로 기도합니다.

아멘.

오직 주의 영광으로만 만족을 얻을 수 있습니다 46주

영광으로 가득하신 주님,

여기에 모인 우리들에게
영광 가득한 성령을 주소서.

우리의 속사람은 오직
주의 영광으로만 새로워질 수 있으며,
주의 영광으로만 진정한 만족을 얻을 수 있습니다.

이 시간,
우리는 주 앞에 나아와
우리의 속사람을 십자가 앞에 내려놓습니다.

주님,
속사람을 새롭게 하시고 만족케 하소서.

우리 안에 오직 그리스도만 계시게 하시고,
그 사랑의 너비와 길이와 높이와 깊이를
맛보아 알게 하소서.

주의 사랑이 어떤 것인지를 아는 자는
결코 그 사랑을 빼앗기지 않을 것입니다.

주여,
우리의 예배를 받아 주시고
우리에게 영광의 빛을 비추어 주소서.

십자가 위에서
무엇과도 비교할 수 없는 사랑을 보여 주신
예수 그리스도의 이름으로 기도합니다.

아멘.

그 사랑 때문에 오늘도 살아갑니다 47주

사랑의 본체이신 주님,

주께서 사랑을
해처럼 비추시고
비처럼 부어 주시니,
우리는 그 사랑 때문에 오늘도 살아갑니다.

주의 사랑이 고마워 몸 둘 바를 몰라
작은 보답이라도 될까 하여
발걸음을 예배당으로 옮겼습니다.

주의 사랑은 십자가 사랑입니다.
말로 죽은 사랑이 아니라,
몸으로 죽으신 사랑입니다.

주님,
우리도 주께서 우리를 사랑하신 것 같이
서로 사랑하기 원합니다.

우리의 사랑을 방해하는
악한 것들을 물리쳐 주시고,
스스로를 삼가며 주의 사랑을 실천하는
행복한 그리스도인이 되게 하소서.

갚을 길 없는 사랑으로 우리를 구원하신
예수 그리스도의 이름으로 기도합니다.

아멘.

우리에게 예수의 빵을 주소서 48주

먹으면 다시는 배고프지 않는 빵을 주시는 주님,

우리는 그 빵을 먹기 원합니다.
그러나 우리가 알아채지 못하는 사이에
빵에 누룩이 들어갔습니다.

누룩이 들어간 빵을 아무리 먹어도
우리는 여전히 배고픈 인생을 살아갑니다.
어리석은 우리를 불쌍히 여겨 주소서.

주님,
우리는 먹으면 다시는 배고프지 않는
예수의 빵을 먹으러 이곳에 나왔습니다.
우리에게 예수의 빵을 주소서.

그 빵을 먹으면
막힌 담을 허물어 손을 내밀며,
사랑의 교제를 통해
서로의 생명을 보듬고
외롭지 않게,
평화롭게,
행복하게
살게 될 줄 믿습니다.

주님,
우리에게 예수의 빵을 주소서.
우리가 다시는 배고프지 않도록
우리를 먹여 주소서.

십자가 위에서 우리의 빵이 되신
예수 그리스도의 이름으로 기도합니다.

아멘.

열세 번째로 주님을 따라나선 제자들 49주

우리를 제자로 부르시는 주님,

우리는 그 부르심에 응답하여
열세 번째로 주님을 따라나선 제자들입니다.

주님,
제자도를 깊이 생각해 봅니다.

자기를 부인하라는 말씀,
십자가를 지라는 말씀,
그리고 주님을 따르라는 말씀—

온 우주보다 무거운 그 말씀 앞에서
무릎을 꿇고 마음을 열어
주의 뜻을 묵상하고자 합니다.

세상의 근심과 걱정을 잠시 내려놓고
십자가 앞에 나아와
말씀을 청종하기 위하여
이 자리에 나왔사오니,

주여, 우리를 가르쳐 주소서.

제자의 길,
십자가의 길이
참된 생명의 길임을 알게 하소서.

십자가 위에서
제자도를 몸소 살아 내신
예수 그리스도의 이름으로 기도합니다.

아멘.

그 사랑을 속삭여 주소서 50주

매 순간,
'너는 내 사랑하는 아들이다, 딸이다'
속삭여 주시는 주님,

주의 사랑이 없었다면
우리는 오늘도 이렇게 살아 낼 수 없었을 것입니다.

예수 그리스도께서도
"이는 내 사랑하는 아들이요"* 하는
하늘의 음성을 듣고 힘을 얻어
십자가의 길을 끝까지 걸어가셨습니다.

하물며 우리야,
얼마나 더 그 음성을 듣기 원하겠습니까.

주님,
힘들고 어려운 순간마다,
고통이 삶을 짓누를 때마다,
주저앉고 싶고, 포기하고 싶을 때마다,

주님이 우리를 얼마나 사랑하시는지,
그 사랑을 속삭여 주소서.

사랑받는 존귀한 자답게 살아가며
그리스도를 기꺼이 뒤따르게 하소서.

우리의 예배를 받아 주시고,
이 예배를 통하여
주의 사랑으로 마음이 흠뻑 젖게 하소서.

십자가 위에서
우리를 향한 하나님의 무한한 사랑을 보여 주신
예수 그리스도의 이름으로 기도합니다.

아멘.

* 마태복음 3:17

우리는 두려움에 휩싸여 있습니다 51주

주님,
우리는 두려움에 휩싸여 있습니다.

그 두려움은 아무래도 무지에서 온 것 같습니다.
그 무지는 무관심에서 왔고,
결국 우리가 가진 두려움은
우리 스스로 만들어 낸 그림자입니다.

그러나 주께서는 우리에게
빛을 보내 주셨습니다.

그 빛을 마음에 품으면
그 어떤 어둠도 물러가고,
어디로 가야 할지,
무엇을 해야 할지
분명히 알게 될 것입니다.

주님,
그 빛을 마음에 품고자
이 거룩한 예배의 자리에 나왔습니다.

그 빛을 품으며,
무고하게 죽어간 이들을 기억하고

지금 여기 살아 있음의 도리가 무엇인지
배우고자 합니다.

주여,
우리의 예배를 받아 주시고,
무관심과 무지와 두려움에서 벗어나
진리의 길을 걷는 주의 자녀가 되게 하소서.

우리의 참 소망,
예수 그리스도의 이름으로 기도합니다.

아멘.

우리는 참으로 연약합니다 52주 ✕ 그리스도왕주일

진리와 생명 되시는 주님,

그리스도왕주일에 모여
겸손히 엎드려
예배드립니다.

우리는 참으로 연약합니다.
주님을 믿는다고 고백하면서도
이기심으로 가득 차 있고,
주님을 사랑한다고 고백하면서도
자신을 더 사랑하느라 주님을 잊습니다.

스스로에게 상처를 줄 뿐 아니라,
그 상처로 남을 아프게도 합니다.
구원받았다고 고백하면서도
무엇인가 더 필요하다고 불평하며,
여전히 목말라 합니다.

주님,
이토록 어렵고 위태로운 시대에
우리는 '그리스도인 됨'에 대해
더 깊은 질문이 필요한 존재입니다.

신앙을 잃기 쉬운 세상,
잃은 양이 되기 쉬운 현실 속에서
오늘 이 예배가 우리의 믿음을 다시 세우는
참된 자리 되게 하소서.

사도적 복음을 듣고
무너진 신앙과 비뚤어진 자아,
그릇된 생각과 행동에서 벗어나게 하시고,
십자가에서 몸으로 보여 주신 사랑으로
우리를 새롭게 하소서.

이 예배가 주께 올려 드리는
거룩한 산 제사가 되게 하소서.
받아 주시고, 하늘의 복을 내려 주소서.

우리의 왕이신
예수 그리스도의 이름으로 기도합니다.

아멘.

2부

두 번째
해

주님만이 우리의 구원입니다 1주 × 대림절 1

오시는 주님,

어서 오시옵소서.
우리가 주님을 간절히 기다리나이다.

우리가 주님을 기다리는 까닭은
오직 주님만이 우리의 구원이시기 때문입니다.
그 무엇도,
그 누구도,
우리에게 참된 구원이 될 수 없습니다.

구원이 될 수 없는 것들이 속삭이며
우리를 구원하겠다고 유혹하지만,
우리는 그러한 속임수에 속아 넘어가지 않겠습니다.

오시는 주님,
어서 오시옵소서.

오셔서
우리의 구원이 되시고,
죄와 사망의 권세로부터 우리를 구원하셔서
거룩하고 아름다운 주의 나라로 우리를 인도하소서.

우리의 간절한 소망,
예수 그리스도의 이름으로 기도합니다.

아멘.

오늘 우리는 평화의 촛불을 함께 켭니다 2주 X 대림절 2

평화의 촛불을 켤 수 있도록
평화의 왕을 우리에게 보내 주신 주님,

우리는 평화가 보이지 않는 세상을 바라보며
때로는 실망하고 절망하기도 합니다.
그럼에도 오늘,
우리가 이 촛불을 켤 수 있는 것은
그리스도 예수의 십자가 덕분인 것을 고백합니다.

믿음은 보이는 것에 있지 않고
주의 약속에 뿌리를 두기에
그 무엇보다도 견고하고 확실합니다.
보이는 것은 흔들리지만
주의 약속은 결코 흔들리지 않습니다.

주님,
오늘 우리는 평화의 촛불을 함께 켭니다.

사람과 사람이 더 이상 싸우지 않고,
나라와 나라가 더 이상 전쟁하지 않으며,
죄와 사망이 더 이상 생명을 해치지 않는,
그날을 소망하며 촛불을 켭니다.

주여, 어서 오시옵소서.
오셔서 주의 평화를 이루소서!

십자가 위에서 참된 평화를 이루신
예수 그리스도의 이름으로 기도합니다.

아멘.

우리가 기쁨의 촛불을 켤 수 있는 것은 3주 ✕ 대림절 3

우리의 기쁨이신 주님,

오늘 우리가 기쁨의 촛불을 켤 수 있는 이유는
주께서 우리에게 영원한 기쁨을
선물로 주셨기 때문입니다.

그리스도 예수는 우리의 기쁨입니다.
그분은 이 땅에 오셔서
우리가 결코 스스로는 이룰 수 없는 일을 이루셨습니다.

그가 이루신 일 덕분에 우리는
삶의 형편이 어떠하든
기뻐할 수 있게 되었습니다.

주님,

살아가면서 보이는 형편에 따라
슬퍼하거나 절망하지 않게 하시고
그리스도 예수 안에서 이루신
주의 사랑 안에서 기뻐하며 살게 하소서.

십자가 위에서 죽으셨다가
장사한 지 사흘 만에 다시 사셔서

우리의 영원한 기쁨이 되신
예수 그리스도의 이름으로 기도합니다.

아멘.

주의 사랑 덕분에 우리는 4주 ✕ 대림절 4

사랑의 주님,

이 희망찬 기다림의 절기에
사랑의 촛불을 켤 수 있도록
우리에게 은혜를 베풀어 주셔서 감사합니다.

주의 사랑 덕분에 우리는
외롭지 않습니다.

주의 사랑 덕분에 우리는
더 이상 죄인이 아닙니다.

주의 사랑 덕분에 우리는
용기를 낼 수 있습니다.

주의 사랑 덕분에 우리는
따뜻한 마음을 가지게 되었습니다.

주의 사랑 덕분에 우리는
희망 가득한 삶을 살아갑니다.

주님,

우리가 그 사랑에 응답하여 드리는 이 예배를
기쁘게 받아 주시고,
영원히 주의 사랑 안에서 살아가도록
우리에게 한없는 은총을 부어 주소서.

십자가 사랑으로 우리를 구원하신
예수 그리스도의 이름으로 기도합니다.

아멘.

새로운 해를 허락하신 것은 5주 ✕ 신년예배

창조주 하나님,

우리에게 새로운 해를 맞이할 수 있도록
생명과 건강을 허락하시니 감사합니다.

주께 부름받은 자들은 이미 영원한 안식에 들어갔지만,
이렇게 살아 숨 쉬는 우리에게는
아직도 감당해야 할 사명이 남아 있는 줄 믿습니다.

새로운 해를 허락하신 것은
우리가 이 땅에서 해야 할
거룩한 일이 있기 때문임을 고백합니다.

주여,
소중한 생명을 헛되이 쓰지 않도록
우리를 붙드소서.

우리가 주님의 부르심을 따라 예배드리는 것은,
우리의 생명을 주를 위하여
그리고 이웃을 위하여
아름답고 귀하게 사용하기 위함인 줄 믿습니다.

주여, 우리를 도우셔서

새롭게 맞이한 이 해를
생명력 넘치게 살아 내게 하소서.

우리의 예배를 받아 주실 줄 믿으며,
예수 그리스도의 이름으로 기도합니다.

아멘.

우리에게도 성령을 부어 주소서 6주 × 수세주일 주현절

성령을 통해 말씀하시는 주님,

요단강에서 세례 요한을 통해
예수께 세례를 받으신 그 사건 속에서
성령을 부으시고
그가 누구인지 온 세상에 밝히 드러내신 주님,

오늘 수세주일을 맞아
우리는 예배 가운데 그 은혜의 장면을 다시 기억합니다.

예수 그리스도의 세례 사건을 깊이 들여다보며
우리 자신이 그리스도의 이름으로 받은 세례가
무엇을 의미하는지 되새기고자 합니다.

그 의미를 깨닫기 위해
우리는 예수께 임하셨던 바로 그 성령을 구합니다.

주여,
우리에게도 성령을 부어 주셔서
예배를 드리는 이 순간,
우리의 세례가 살아 숨 쉬게 하시고,
우리의 영혼을 아름답고 새롭게 하소서.

성령께서 비둘기같이
우리 위에 임하시기를 기대하며
이 예배를 드리오니 받아 주소서.

세례를 통하여
우리를 성령의 삶으로 이끄신
예수 그리스도의 이름으로 기도합니다.

아멘.

우리의 마음이 쉽게 강퍅해지기에 7주

은혜의 주님,

너무 가물다 비가 내리면
땅이 비를 흡수하지 못한다고 합니다.
이 또한,
주님께서 우리에게 가르쳐 주신
자연의 법칙입니다.

우리의 심령이 너무 메마르면,
우리의 마음도 주의 은혜를 흡수하지 못합니다.

땅이 비를 흡수하려면
비가 적당하고 주기적으로 내려야 하듯,

우리의 마음도
은혜로 늘 촉촉하게 젖어 있어야
주의 말씀을 품고 살아갈 수 있습니다.

주님,
일곱 날마다 돌아오는 주일에
우리가 교회에 나와서 예배를 드리는 이유는,
우리의 심령이 메마르지 않게 보호받기 위함입니다.

세상이 너무도 메마르고
우리의 마음은 너무도 쉽게 강퍅해지기에,
이 예배는 더욱 소중합니다.

우리의 발걸음을 주의 성전으로 이끌어 주셨사오니,
주여, 우리의 예배를 받아 주시고,
우리의 마음에
주의 은혜를 흠뻑 부어 주소서.

우리에게 생명의 단비를 내리신
예수 그리스도의 이름으로 기도합니다.

아멘.

우리에게 당신을 보여 주시는 주님 8주

자신을 감추지도, 부끄러워하지도 않으시며
우리에게 당신을 보여 주시는 주님.

주님의 모습이 세상에 드러나면 드러날수록
세상은 더 행복해집니다.

주의 날,
우리가 함께 모여 예배드리는 이 기쁨의 날,
주님은 우리에게 가장 또렷하게
자신을 드러내 보여 주십니다.

안식과 평화가 있는 이 날,
우리가 함께 예배드리며
주님께서 우리에게 보여 주실 그 모습을 기대합니다.

주여, 우리에게 말씀하소서.
말씀으로 우리에게 주님을 보여 주시고,
그 말씀을 붙들고 세상에 나아가
주의 모습을 밝히 드러내도록,
우리를 사용하소서.

우리가 '그리스도인'으로 불리는 것이
참으로 자랑스럽습니다.

그 이름에 부끄럽지 않도록
우리의 예배를 받아 주시고,
우리에게 성령을 부어 주소서.

십자가 위에서
하나님의 본체를 드러내 보여 주신
예수 그리스도의 이름으로 기도합니다.

아멘.

주님의 사랑을 기억합니다 9주

주님의 사랑을 기억합니다.
주님의 사랑에 감사합니다.
주님의 사랑으로 살아가겠습니다.

우리를 그리스도의 몸으로 불러 모아 주신 주님,

우리가 한 몸 되어 주님께 예배드리오니
우리의 예배를 받아 주시고,
이 험한 세상을 넉넉히 이길
힘과 은총을 베풀어 주소서.

'산다'는 것은 주님의 선물임을 기억하며
하루하루 기쁘고 즐겁게 살아가길 원합니다.

이 예배를 통해 받은 은총이
헛된 데 흘러가지 않게 하시고,
그 은총을 이웃에게 선물처럼 나누게 하소서.

우리의 몸과 마음을 강건하게 하시고,
매일의 삶을 주의 사랑 안에서 살아가게 하소서.

주님, 사랑합니다.

예수님의 이름으로 기도합니다.

아멘.

주님, 시간이 살같이 흐릅니다 10주

새해를 맞았다고 기뻐한 것이 엊그제 같은데
주님, 시간이 살같이 흐릅니다.

우리가 정신없이 살아가는 것 같지만,
그 정신없는 삶 속에서도
참 많은 슬픈 일들이 벌어지고 있습니다.

각종 사건 사고 소식을 들으며
"나에게 일어난 일이 아니어서 다행이다"라고 여깁니다.
그러다 문득,
언젠가 우리도 그 자리에 서게 될까
불안감에 휩싸이곤 합니다.

사회적 문제들로 인해
많은 이들이 트라우마에 시달리고,
그 불안을 달래기 위해
더 많은 악한 일들이 생겨나는 것만 같습니다.

주님, 오늘 우리가 드리는 이 예배를 받아 주소서.
우리의 불안한 마음을 주께 드리오니,
위로해 주시고
그 마음을 근본적으로 치유할
구원의 길을 열어 주소서.

모든 것을 새롭게 하시는
주 예수 그리스도의 이름으로 기도합니다.

아멘.

너무도 많은 사람들이 목숨을 잃어 11주

주님,

너무나 많은 사람들이 목숨을 잃어
이렇게 숨 쉬고 있는 것조차—

민망하고 미안한 마음이 듭니다.

감당하기 어려운 대재난 앞에서
우리는 그저 주님 앞에 나아와
엎드려 기도할 뿐입니다.

주여,
구원해 주소서.
위로해 주소서.
살아갈 힘을 주소서.

그리고,
이렇게 살아남은 우리들—

아무 탈 없이 살아가는 우리가
지금 할 수 있는 일이 무엇인지
가르쳐 주소서.

거대한 재난 앞에서
무기력함과 절망을 느끼는 우리,
우리의 마음을
십자가 위에 내려놓습니다.

모든 것을 새롭게 하시는
주님의 은혜를 간절히 구합니다.

애통하는 마음으로 드리는 이 예배를
받아 주시고,

무기력과 절망에 빠진 모든 이들에게
미래의 문을 열어 주소서.

십자가 위에서 죽으시고
사흘 만에 부활하신 주님,

어떤 절망도 끌어안으시고
새 소망을 주시는
우리 주 예수 그리스도의 이름으로 기도합니다.

아멘.

당신이 누구이신지 보여 주셨듯이 12주 ✕ 산상변모주일

사랑의 주님,

변모의 사건을 통해
당신이 누구이신지를 제자들에게 보여 주셨듯이,
우리도 그 변모에 참여하여
우리가 누구인지,
세상 앞에 드러내 보이길 원합니다.

우리는 그리스도인입니다.

그리스도인이 되기에 참 좋은 계절이
우리 앞에 다가왔습니다.

사순절을 앞두고,
이렇게 함께 예배드리며
우리에게 선물처럼 주어진 이 절기를
의미 있고, 행복하게 보내기 위해
마음의 준비를 하고자 합니다.

주님,
우리의 마음에 성령의 은혜를 부어 주시고,
사순절기 동안 성령으로 충만하여

사람들이 우리를 보며
'달라졌다'고 말할 수 있는 기쁨이
우리의 삶 가운데 있게 하소서.

우리의 삶이 날마다 거듭나도록
도우시고 인도하시는
예수 그리스도의 이름으로 기도합니다.

아멘.

경건의 모양과 능력이 필요한 이 시대에 13주 × 사순절 1

주님,

우리에게
경건의 모양과 경건의 능력을
회복할 수 있는 절기를 주시니 감사합니다.

특별한 이 절기 동안
주님께서 더 큰 은혜와 사랑으로
우리의 신앙과 삶을
돌보아 주실 줄 믿습니다.

경건의 모양과 능력의 회복이
절실히 필요한 이 시대에,
우리가 조금 더 힘을 낼 수 있도록
성령의 은혜를 부어 주소서.

혼자서는 버거운 일이기에,
교회 공동체로서
서로 밀어 주고 이끌어 주며

이 시대의 어려움들을 견디고 이겨 낼 수 있을 만큼의
경건의 모양과 능력을 갖추도록
우리를 도우소서.

늘 곁에서 우리를 도우시는
예수 그리스도의 이름으로 기도합니다.

아멘.

생명을 풍성케 하시는 주님 14주 X 사순절 2

우리의 생명을 풍성케 하시는 주님,

지난 한 주간도
주님의 은혜 덕분에
풍성한 생명을 누리며 살아갈 수 있었습니다.

오늘, 우리가 한 몸으로 이 자리에 모였지만
삶의 자리는 제각기 달라서
우리 안에는 서로 다른 이야기들이 있습니다.

그러나 결국 그 모양은 하나라 믿습니다.
우리의 삶은 모두
하나님의 은혜 안에 있으니 말입니다.

주님,
우리 각자의 삶에
특별히 내려 주신 그 독특한 은혜를 기억하며,

이 시간,
그 은혜를 서로 나누고
한 마음으로 주님을 찬양합니다.

우리의 예배를 받아 주시고,

우리가 무엇을 하든, 어디에 있든
늘 은혜로 보듬어 주시는
하나님의 사랑을 더 깊이 누리는
주님의 자녀가 되게 하소서.

십자가 위에서
끝없는 은혜를 부어 주신
예수 그리스도의 이름으로 기도합니다.

아멘.

지난 한 주간도 주님의 은혜 덕분에 15주 × 사순절 3

주님,

지난 한 주간도
주님의 은혜 덕분에 잘 살아 낼 수 있었습니다.

사순절을 보내며
말씀을 묵상하고, 기도하며,
선한 일을 실천하는 가운데
경건의 모양과 능력을
조금씩 회복해 가고 있습니다.

우리 삶에
이런 날들이 있다는 것은 참으로 큰 축복입니다.

생각을 잠시 놓으면
허송세월하기 쉬운 이 시대에,
생각을 주님께 집중하며
우리의 구원자이신 예수 그리스도를 따라 살려고
애쓰는 삶이 얼마나 복된지 모릅니다.

산다는 것이 무엇인지
삶의 의미를 몰라 방황하기 쉬운 이 시대에,
우리를 그리스도인으로 불러

주님의 은혜를 입게 하시니
그저 감사, 또 감사합니다.

오늘 우리의 예배는
기쁨의 예배요
감사의 예배요
무엇보다도 경배의 예배입니다.

주여, 이 예배를 받아 주시고
우리를 주님의 선한 손으로
이끌어 주소서.

십자가 위에서
우리의 삶을 붙들어 주신
예수 그리스도의 이름으로 기도합니다.

아멘.

우리는 지금 광야길을 16주 × 사순절 4

주님,

우리는 지금
사순절의 광야길을 걸어가고 있습니다.

중간쯤 온 것 같습니다.
지치고 힘들 때입니다.

걸어온 길을 다시 돌아가기도 어렵고
아직 걸어가야 할 길이 멀어 막막하기도 한,
그런 사순절의 광야길을 지나고 있습니다.

주님,
이 광야길을 끝까지 걸어갈 수 있게 하는 것은
오직 주님의 은혜뿐입니다.

그것을 알기에
다른 어떤 것을 구하지 않고,
오직 주님의 은혜만을 구합니다.

오늘의 예배가
오직 주님의 은혜를 간구하는 예배가 되길 원하오니,

주여, 이 예배를 받아 주시고,
우리에게 은혜를 베풀어 주소서.

우리가 사순절의 광야를 지나
부활의 영광에 들어서도록
우리를 이끌어 주소서.

십자가 위에서 우리의 구원이 되신
예수 그리스도의 이름으로 기도합니다.

아멘.

눈물 흘리신 주님을 기억합니다 17주 ✕ 사순절 5

주님,

나사로의 죽음 앞에서
눈물을 흘리신 주님을 기억합니다.

살다 보면,
눈물을 흘리지 않을 수 없는 순간들이 있습니다.

그러나 때로는,
눈물이 말라 버려
울어야 할 순간에도
눈물이 나지 않기도 합니다.

주님,
메마른 우리의 마음을 들여다봅니다.

땅만 가뭄이 아니라,
우리의 마음도 가뭄입니다.

땅의 가뭄과 마음의 가뭄이
함께 가는 듯합니다.

주님,

우리의 마음에
단비를 내려 주소서.

우리의 마음이 먼저 축촉해지면,
땅도 따라 축촉해질 줄 믿습니다.

우리의 예배를 받아 주시고,
눈에는 눈물이,
마음에는 생기가 돌게 하소서.

나사로의 죽음을 보고 우시며,
그 눈물로 생명을 다시 불어넣으신
예수 그리스도의 이름으로 기도합니다.

아멘.

나귀 타신 주님을 맞이하길 원합니다 18주 × 종려주일

"시온 딸에게 이르기를
네 왕이 네게 임하나니 그는 겸손하여 나귀,
곧 멍에 메는 짐승의 새끼를 탔도다 하라."*

이 말씀을 이루시기 위하여
예루살렘에 입성하시며 나귀를 타신 주님,

그때 주님을 맞이하던 예루살렘 백성들의 마음보다
조금 더 성숙한 믿음과 이해와 지혜로
주님을 맞이하길 원합니다.

그들의 호산나는
예수님이 누구신지를 온전히 알지 못한 외침이었지만,

우리의 호산나는
주님이 누구신지를 알고 고백하는
진실한 호산나가 되기를 원합니다.

"주여, 우리를 구원하소서!"

주님은 우리를 구원하시기에 합당한 분이십니다.
주님은 살아 계신 하나님의 아들이십니다.

호산나를 외치며 드리는 이 예배를 받아 주시고,
우리에게 영원한 구원을 베풀어 주시며,
무슨 일을 만나든지 형통한 은혜를 부어 주소서.

찬양 받기에 합당하신
예수 그리스도의 이름으로 기도합니다.

아멘.

* 마태복음 21:5.

주님께서 구원을 베푸시는 순간 19주 ✕ 부활절

죽은 자를 무덤에서 일으키신 주님,

그 놀랍고 두려운 복음을 듣고
우리가 오늘 한자리에 모여
주님의 위대하심과 구원하심을 찬양합니다.

장사되신 주님께 향유를 부으러 무덤에 갔다가
빈 무덤을 보고
두렵고 떨리는 마음에 말조차 잇지 못했던
여인들의 마음을 가지고
우리도 이 자리에 나아와
주님께 예배를 드립니다.

놀람과 두려움과 떨림은
하나님을 만난 자들의 반응이며,
하나님을 믿는 이들의 마음 상태입니다.

이 놀람과 두려움과 떨림은
단순한 불안이 아니라,
연약한 우리로서는 상상조차 할 수 없었던 방식으로
주님께서 우리에게 구원을 베푸시는 순간에
믿음이 보이는 방식입니다.

부활의 주님을 믿고 바라보기에
우리의 마음은 어떤 상황에서도 낙심하지 않고,
오히려 소망 가운데 기뻐할 수 있습니다.

우리 그리스도인들에게는
부활의 복음이 삶을 감싸고 있음을 잊지 않게 하시고,
하루하루 복음의 능력을 살아가는
복된 인생이 되게 하소서.

주님을 향한 우리의 사랑이
주님을 기쁘시게 하는 줄 믿습니다.

주님을 사랑하는 마음으로 나온
우리들의 사랑을 받아 주시고,
부활의 기쁨과 은총을 갑절로 부어 주소서.

십자가에서 죽으시고,
사흘 만에 부활하셔서
부활의 첫 열매가 되신

우리 주 예수 그리스도의 이름으로 기도합니다.

아멘.

우리는 이곳에 부활의 증인으로 20주 × 부활절 2

주님,

부활절 두 번째 주일을 맞아
우리는 이곳에 부활의 증인으로 섰습니다.

오늘의 예배를 통하여
부활의 증언이 무엇인지 깨닫게 하시고,

삶의 현실 속에서 부활의 증언이
어떻게 실현되어야 하는지를 배우게 하소서.

주님,
세상에서 일어나는 불의한 일들을 보며
통회하는 마음을 가지고
마치 우리가 지은 죄인 것처럼 회개하게 하소서.

할 수 있는 일이 없다고
자포자기하지 않게 하소서.

말할 수 없는 탄식으로
우리를 위하여 대신 간구하시는 성령에 의지하여,
우리가 드릴 수 있는
가장 신실한 영적 무기인 기도를 통해

하나님의 뜻과 정의가 이 땅에 이루어지도록
간구하고 또 간구하는 믿음의 자녀가 되게 하소서.

주님,
우리가 드리는 이 예배는
우리의 고백이요,
삶의 태도요,
우리의 인격입니다.

그러므로 이 예배를
신령과 진정으로 드리오니,
받아 주시고,
생명보다 귀한 하늘의 은총을
넘치도록 부어 주소서.

우리에게 하늘의 은총과 생명을 주시기 위하여
십자가에 달려 죽으시고,
사흘 만에 부활하셔서
생명의 주님이 되신

예수 그리스도의 이름으로 기도합니다.

아멘.

그리고 사흘 만에 부활하신 주님 21주 ✕ 부활절 3

십자가에 달리신 주님,
그리고 사흘 만에 부활하신 주님,

죽은 자 가운데서
예수 그리스도를 일으키신 하나님 아버지,

그 놀라운 복음을
오늘도 우리에게 알려 주시는 성령님,

우리가 부활절 세 번째 주일에 모여
부활을 다시 한 번 우리의 삶 속에 받아들이며
감사와 찬송과 영광을
주님께 올려 드립니다.

말씀으로 임하시는 주님,
오늘도 우리에게 말씀하여 주소서.

그 말씀을 통해
우리는 주님과 사귐을 갖고,
주님이 지금도 살아 계심을 알게 되며,

주님의 말씀을 따라
이 세상을 이기고자 합니다.

오늘도 우리의 삶에
충분한 표준이 되고,
힘이 되는 말씀을 허락하소서.

묵묵히 골고다 언덕을 오르셨던
예수 그리스도처럼,

우리도 우리의 삶을
조용히, 그러나 믿음으로 살아 내게 하소서.

죄에서 가장 멀리 떨어진 이 거룩한 예배의 시간,

주님 홀로 영광 받으시고,
우리에게 하늘의 은총을
충만히 부어 주소서.

십자가를 붙들고 기도할 수 있도록
십자가에서 죽으시고
사흘 만에 부활하신

우리 주 예수 그리스도의 이름으로 기도합니다.

아멘.

주님께서 우리와 함께 계시니 22주 × 부활절 4

우리의 선한 목자 되신 주님,

부활절 네 번째 주일을 맞아
기쁘고 즐거운 마음으로
이곳에 모여 주님을 예배합니다.

선한 목자 되신 주님께서
우리와 함께 계시니,
우리의 삶에 부족함이 없습니다.

주님의 사랑을 고백하면 할수록
우리의 삶은 더욱 풍요로워집니다.

주님,

오늘 우리의 예배가
주님의 사랑을 고백하는 자리요
선한 목자의 인도하심을 받는 자리인 줄 믿습니다.

우리 가운데 오셔서
지친 우리를 어루만져 주시고
우리의 삶을 자비로 돌보아 주소서.

십자가의 죽음과 부활을 통해
우리를 새로운 삶으로 이끌어 주신
예수 그리스도의 이름으로 기도합니다.

아멘.

우리도 이 어두운 세상 속에서 23주 × 부활절 5

주님,

부활절 다섯 번째 주일,
주님 앞에 나와 예배드립니다.

주의 은혜와 사랑을
오늘도 우리에게 가득 부어 주소서.

스데반이 성령 충만하여
그 얼굴이 해처럼 빛났던 것처럼,

우리도 성령으로 채워 주셔서
이 어두운 세상 속에서
주님의 빛으로 살게 하소서.

우리를 짓누르는
걱정과 근심을 거두어 가시고,

대신,
하늘의 기쁨과
꺼지지 않는 소망을 부어 주소서.

주님, 사랑합니다.

이 사랑의 고백 위에 드리는 우리의 예배를
기쁘게 받아 주시고,

영원토록 우리와 함께하여 주소서.

우리를 하나님 나라로 이끄신
예수 그리스도의 이름으로 기도합니다.

아멘.

어머니의 돌봄을 통해 하나님의 숨결을 느낍니다

24주 ✕ 부활절 6, 어머니주일

주님,

오늘은 부활절 여섯 번째 주일이자
어머니주일입니다.

"하나님께서 세상 모든 자녀들을 돌볼 수 없기 때문에
어머니를 두셨다"는 탈무드의 말처럼,

우리는 어머니의 돌봄을 통해
하나님의 숨결을 느낍니다.

잉태하고 품고 출산하는 그 놀라운 경험을 통해
주님은 어머니를
이 세상 모든 생명들 가운데
가장 성숙하고, 가장 성스럽고,
가장 아름다운 존재가 되게 하셨습니다.

하나님은 어떤 분이실까 고민할 때
먼저 어머니를 떠오르게 하시고

삶이 힘들고 지칠 때
우리의 손을 잡아 주시는 어머니의 모습을 통해
다시 삶의 소망을 품게 하소서.

우리 모두가
어머니만큼만 성숙해지고
생명에 대한 깊은 경외심을 품을 수 있으면 좋겠습니다.

그 은혜가
오늘 이 예배를 통해
우리 안에 가득 부어지게 하소서.

어머니처럼 온 세상을 품에 안아
십자가에 달려 죽으시고
사흘 만에 참생명으로 부활하신

예수 그리스도의 이름으로 기도합니다.

아멘.

죽음으로 죽은 자들의 위로가 25주 × 부활절 7

주님,
부활절 마지막 주일입니다.

엔도 슈사쿠의 외침이 생각나는 주일입니다.
"인간은 이렇게 슬픈데, 주여, 바다는 너무도 푸릅니다."

우리는 이 모순을 어떻게 극복해야 하는지 몰라
당황하고 방황하고 있습니다.

문제가 발생했는데
문제를 해결하기 위해 힘을 모으지 못하고
오히려 분열하고 서로를 헐뜯고 비방하는
우리들의 연약함을 불쌍히 여겨 주옵소서.

주여, 우리는 죄인입니다.
주여, 우리가 사는 세상은 죄악이 가득합니다.

그러나, 주여,
우리는 희망을 버릴 수 없습니다.
주께서
십자가에서 달려 죽은 예수를
사흘 만에 죽은 자 가운데서 다시 살리셔서
우리의 주님이 되게 하셨기 때문입니다.

주님,
그리스도의 십자가를 보면서 다시 힘을 내 보려고 합니다.

오늘 예배를 통하여
슬프고 상한 우리의 마음을 위로하여 주시고
누구보다 슬퍼하고 신음하고 있을
각종 사고의 생존자와 희생자의 가족들을 위로하여 주셔서
그들이 희망을 잃지 않고
그리스도 안에서 소망을 반드시 되찾을 수 있도록
도와주소서.

죄에서 가장 먼 시간과 공간인 예배의 자리로
우리를 이끌어 우리의 삶을 보듬어 안아 주시는
그 사랑에 감사드립니다.

이 예배를 받아 주시고
하늘의 은총으로 우리의 눈물을 닦아 주소서.

죽음으로 죽은 자들의 위로가 되시고
다시 사심으로 모든 이들에게 소망을 주신
주 예수 그리스도의 이름으로 기도합니다.

아멘.

우리에게 성령을 보내 주신 주님 26주 ✕ 성령강림절

약속하신 대로
우리에게 성령을 보내 주신 주님,

마가의 다락방에 모여
한마음으로 기도하며
성령을 기다리던 주님의 제자들처럼

성령강림절을 맞아
우리도 성령을 사모하며
이 자리에 모였습니다.

성령이 우리에게 오시므로
그리스도께서는 여전히 우리와 함께 계시며

우리가 그리스도의 일을
이 땅에서 계속 수행할 수 있음을
믿음으로 고백합니다.

성령이 아니고서는
새 생명의 일은
시작될 수도 없음을 고백하오니,

생명 자체가 고통당하는 이 시대에
우리에게 성령을 부어 주시고,

꺼져 가는 촛불을 살리고
상한 갈대를 일으켜 세우는

예수 사랑의 역사를
우리 삶으로 이루게 하소서.

약속하신 성령을 보내 주신
우리 주 예수 그리스도의 이름으로 기도합니다.

아멘.

그 신비와 사랑을 나타내 보이시니 27주 ✕ 삼위일체주일

성부, 성자, 성령
삼위 하나님!

그 신비와 사랑을
우리에게 나타내 보이시니 감사합니다.

삼위일체 하나님으로
우리에게 자신을 계시하시며,
우리와 친교를 나누시고,
우리에게 구원을 베푸시며,
우리의 미래를 열어 주시는 주님,

삼위일체주일에 우리가 모여
성삼위 하나님을 예배합니다.

삼위 하나님께서 일체를 이루어
우리에게 사랑을 드러내신
그 구원의 역사를 기억하며,

우리도 삼위일체 하나님의 사랑처럼
깊은 교제 속에 머물며,
구원의 역사에 동참하기를 원합니다.

삶의 작고 사소한 일부터
우리가 감당하기 버거운 일까지,

삼위일체 하나님의
구원의 능력을 우리에게 부어 주셔서,

우리의 연약한 두 손이
사랑으로 가득 차게 하시고,

구원의 삶을 이루며
생명을 풍성하게 하는
복된 인생을 살게 하소서.

십자가 위에서
삼위일체 하나님의 사랑을 몸소 보여 주신
예수 그리스도의 이름으로 기도합니다.

아멘.

모든 괴로움을 이겨 내고 28주

우리를 눈동자와 같이 돌보아 주시는 주님,

주님의 돌보심 덕분에
살아 숨 쉬며
오늘도 삶의 기쁨을 누립니다.

때로는
슬픔과 고통이 몰아쳐
괴로운 시절을 지나기도 하지만,

우리가 그 모든 괴로움을 이겨 내고
삶을 이겨 나갈 수 있는 것은

주님께서 우리에게
힘과 용기를 주시고,

무엇보다도
생명력을 불어넣어 주시기 때문입니다.

주여, 어떠한 일이 있더라도
생명을 귀하게 여기며 보듬는
믿음의 사람이 되어,

주님께서 우리에게 주신
생명의 복을
사는 동안 풍성히 누리게 하소서.

우리의 삶이 선물임을
다시금 기억하게 하시고,

그 선물을 더욱 아름답고 평화롭게 가꾸기 위하여

우리 삶에 보내 주신
사람들과 순간들을
감사하게 하소서.

십자가 위에서 죽으시고
사흘 만에 부활하셔서

우리의 영원한 소망이 되신

예수 그리스도의 이름으로 기도합니다.

아멘.

우리의 부모가 되어 주시는 주님 29주

우리의 부모가 되어 주시는 주님,

그 한결같은 사랑을 기억합니다.

우리가 이렇게 함께 모여 주를 예배하는 것은
주 안에서 나누는 사랑의 교제가
참으로 무한하다는 것을 고백하는 시간입니다.

우리는 모든 것을 다 알지 못하고
모든 일을 다 이해할 수 없지만,

단 한 가지 분명히 알고 믿는 것은
주님의 무한한 사랑입니다.

그 사랑이 성경에 기록되어 있고,
그 사랑 때문에 우리가 구원받아

주의 백성으로,
한마음 한 몸 되어
주를 찬양하는 이 자리에 부름받은 줄 믿습니다.

주여,

우리에게도 사랑의 능력을 부어 주소서.

모든 것을 치유하고,
모든 것을 새롭게 하며,
모든 것을 구원하시는 그 사랑이

오늘 우리에게도 간절히 필요합니다.

주의 사랑 안에 거하게 하시고,
그 사랑으로 우리를 옷 입혀 주소서.

우리 주 예수 그리스도의 이름으로 기도합니다.

아멘.

우리의 마음도 이 계절처럼 30주

아버지,

뜨거운 계절입니다.

주님을 향한 우리의 마음도
이 계절처럼 더 뜨거워지길 원합니다.

태양보다 뜨거운
성령의 은혜를 우리에게 부어 주셔서,

이 계절,
주님을 더욱 뜨겁게 사랑하게 하소서.

주님의 사랑에 감동하고 감사하며
우리가 이렇게 모여
주님을 예배합니다.

오늘의 예배는
우리 마음의 중심에 있는
가장 귀한 것을
십자가 앞에 내려놓는
아름다운 예배입니다.

주님께서는 이 예배를 받아 주시고,
우리에게 하늘의 은총을
한없이 부어 주실 줄 믿습니다.

오늘 이 예배를 통하여,
예상치 못한 기쁨과 사랑이
우리를 덮게 하시고,

우리의 마음이
주님의 크신 사랑으로
더욱더 가득 차게 하소서.

그것이
우리가 이 세상을 살아갈 힘임을 믿습니다.

십자가 위에서
우리를 위해 뜨거운 피를 흘리신
예수 그리스도의 이름으로 기도합니다.

아멘.

우리를 불쌍히 여겨 주소서 31주

주님,

주의 이름을 부르며
예배당에 나아온 우리를
불쌍히 여겨 주소서.

생명력 넘치는 삶을 살고 싶지만,
어느덧 생명을
소진만 하고 있는 우리를
불쌍히 여겨 주소서.

주여, 우리는 배우고 싶습니다.

어떻게 하면
생명을 잃지 않고,
생명을 얻게 됩니까?

우리의 생명을
어떻게든 빼앗으려 드는
우는 사자처럼 달려드는 세상 속에서

우리는 우리 자신을
어떻게 지킬 수 있습니까?

다시 한 번
십자가를 바라봅니다.

생명을 잃은 것 같았으나
오히려 생명을 되찾으셨고,

나아가 모든 인류의 생명을 구원하신
그리스도를 바라봅니다.

주님, 우리도
생명을 빼앗기는 자가 아니라,

그리스도처럼
생명을 품고, 살리고,
세우는 자가 되게 하소서.

십자가 위에서
우리의 생명을 구원하신

예수 그리스도의 이름으로 기도합니다.

아멘.

우리를 불러 새로운 생명을 주시는 주님 32주

우리를 불러
우리에게 새로운 생명을 주시는 주님,

이 자리에 나와
주님의 부르심에 응답한
우리 모두를
불쌍히 여기시고 기억하여 주소서.

말로 다 하지 못하고,
누구와도 나눌 수 없는
깊은 고통과 아픔을 안고 살아가는 우리들—

오직 주님만이
우리의 고통을 아시며,
우리의 마음을 보듬어 주십니다.

오직 주님의 사랑만이
우리의 고통을 열어젖히고
새로운 삶의 문을 여십니다.

주여,
우리가 이 자리에 나와
온 마음 다해 주님을 예배하오니,

부어 주시는 주님의 사랑에
흠뻑 젖게 하시고,

그 사랑으로
오늘을 살아갈 힘을 얻게 하시며,

그 사랑으로
이웃의 아픔도
함께 헤아릴 줄 아는
자비로운 자가 되게 하소서.

주님의 사랑 안에
참된 구원이 있음을 믿사오니,

그 사랑으로
우리를 구원하소서.

예수 그리스도의 이름으로 기도합니다.

아멘.

요즘 우리의 생명이 위태롭기만 합니다 33주

하늘에서 내려온 동아줄에 매달린
어린 남매처럼,
요즘 우리의 생명이
위태롭기만 합니다.

주님,
아무렇지 않은 세상이 아닌데도
아무렇지 않은 것처럼 살아가는
저희를 용서해 주소서.

수없이 많은 폭력과 소용돌이,
고통과 절망이
우리 삶을
조용히, 그러나 무섭게 짓누르고 있습니다.

지금은
겉옷을 찢고,
재를 뒤집어쓰고,
무릎 꿇어 기도해야 할 때임을
고백합니다.

귀한 생명이
아무렇지도 않게 버려지는 이 세상 속에서

우리는 어디서 생명의 소중함을 발견하고,
어디서 희망을 찾아야 할지
막막할 때가 많습니다.

주님, 우리가 여기,
주님 앞에 나왔습니다.

우리를 불쌍히 여겨 주시고,
주님 안에서 참된 평화와 생명을 찾아
다시 삶의 자리로 돌아가,
그 평화와 생명을 전하는
주님의 자녀로 살아가게 하소서.

하늘의 평화와 생명을
우리에게 전해 주시기 위하여

십자가에 달려 죽으시고
사흘 만에 부활하신

우리 주 예수 그리스도의 이름으로 기도합니다.

아멘.

전례 없는 기후 재앙 앞에서 34주

우리의 구원이신 주님,

전례 없는 기후 재앙 앞에서
속절없이 무너져 가는 생명들을 바라봅니다.

그렇게 허물어져 가는 생명들 앞에서
구원이란 무엇인지
다시 묻게 됩니다.

주님,
"두렵고 떨림으로 너희 구원을 이루라"* 하신
주님의 말씀이 떠오릅니다.

묵시록의 장면 같은 일이
펼쳐지고 있는 이때에,

두렵고 떨리는 마음으로
주님 앞에 나아와 예배하며,

우리가 어떻게 살아야 할지,
주님이 원하시는
구원의 행동이 무엇인지

깊이 묵상합니다.

주님,
우리에게 지혜를 주시고
용기를 허락하소서.

모든 것을 망가뜨려 놓고
떠나는 것이 구원이 아닐진대,

우리가 어떻게 해야
온전한 구원을 이루게 되는지

우리를 가르쳐 주소서.

십자가 위에서
온 우주 만물을 구원으로 이끄신

예수 그리스도의 이름으로 기도합니다.

아멘.

* 빌립보서 2:12.

주님 안에서 쉼을 얻기까지 35주

우리에게 쉼을 주시는 주님,

아우구스티누스의 고백처럼
우리는 주님 안에서 쉼을 얻기까지
진정 쉬지 못합니다.

쉼은
오직 우리가 주님 안에 거할 때에
비로소 가능함을 고백합니다.

끊임없이 우리를 몰아붙이고,
쉴 틈조차 주지 않는 세상에서

알지도 못한 채
우리는 쉼을 빼앗겨 버립니다.

주님,

당신께서 은혜로 베푸신
참된 쉼을 찾아
이 자리에 나와 예배드리오니―

주여,

우리에게 쉼을 허락하시고
다시금
세상을 이길 힘을 주소서.

우리에게
영원한 쉼을 주시기 위하여
십자가에 달려 죽으셨다가
사흘 만에 부활하신

예수 그리스도의 이름으로 기도합니다.

아멘.

새 학기를 시작하는 우리 아이들 36주

우리에게 꿈과 희망을 주시는 주님,

여름이 가고,
가을이 오고 있는 이 계절에

우리들이 모여
주님을 예배합니다.

주께서 보내신 성령을 통하여

우리의 삶은 지금도
주의 은총으로 덮여 있으며,

우리는 생명력 있는 삶을
살아가게 됨을 믿습니다.

특히,
새 학기를 시작하는
우리 아이들을 기억하여 주소서.

세상은 악하지만,
그 속에서도
생명의 풍성함을 누릴 수 있는 이유는

주께서 우리의 자녀들과 함께하시며,
지키시고,
보호하시고,
인도하시기 때문입니다.

주여,
새 학기를 시작하는 자녀들에게
복 내려 주시고,

주의 은혜를 따라
안전하고, 건전하며,
복된 학년을 보내게 하소서.

우리와 영원히 함께하시는
임마누엘,
예수 그리스도의 이름으로 기도합니다.

아멘.

새로운 존재가 되게 하소서 37주

우리에게 말씀을 주시는 주님,

그 말씀은
오늘도 우리를 살게 합니다.

우리의 말은
때로 생명을 해치지만,

주님의 말씀은
언제나 생명을 살립니다.

그래서 우리는
생명의 말씀이신 주님을
간절히 갈망합니다.

주여,
주의 말씀을 사모하여
이 자리에 모인 우리들에게

하늘의 말씀을
오늘도 부어 주소서.

말씀이 육신이 되어 오신

예수 그리스도를 본받아,
우리도
주님의 말씀으로
새로운 존재가 되게 하소서.

죄와 악으로 이끄는
육신의 말들을 물리치게 하시고,

평화와 생명으로 이끄는
주님의 말씀을 부어 주소서.

주여,

주의 말씀으로
우리를 악에서 구하소서.

우리 주 예수 그리스도의 이름으로
기도합니다.

아멘.

새 창조의 역사가 우리의 일상 가운데 38주

찬양 받으시기 합당하신 주님,

그리스도 안에서 하나 된 우리가
거룩한 주일에 모여 주님을 예배합니다.

우리는 성령 안에서 연결된 하나님의 가족이며,
서로를 향한 형제자매입니다.

우리의 정체성은
그리스도 안에서 다시 창조된 존재입니다.

주님,
말씀의 깊이로 우리를 이끄셔서
이 새창조의 역사가
우리의 일상 가운데 이루어지게 하소서.

우리는 주 안에서 형제자매이기에
서로를 미워하거나 해할 수 없습니다.

오직,
그리스도의 사랑으로 서로를
뜨겁게 사랑할 수 있을 뿐입니다.

이 사랑이 말에만 머물지 않고,
성령의 능력 안에서
우리의 삶 속에 행동으로 나타나게 하소서.

간절한 마음으로 드리는 우리의 예배를 받아 주시고,
우리에게 사랑으로 이루어진 행함의 능력을 부어 주소서.

그 사랑이 무엇인지,
십자가 위에서 온 세상에 보여 주신
예수 그리스도의 이름으로 기도합니다.

아멘.

창조의 하나님을 더 깊이 깨닫도록 39주 ✕ 창조절

창조주 하나님,

우리는 이제 창조절에 들어섭니다.

주님의 피조물이
기후 위기로 신음하는 이 시절이기에,

창조절은 더욱 애틋하게 다가옵니다.

주님,

주께서 창조의 하나님이심을
더 깊이 깨닫도록
우리를 이끌어 주소서.

하나님을 사랑하는 자는
창조물을 사랑하며,

창조물을 아끼고 돌보는 자는
참으로 하나님을 아는 자입니다.

하나님을 아는 것과
주님의 피조물을 사랑하는 것은

둘이 아니요 하나임을
깊이 알게 하소서.

피조물 가운데 하나로서
더욱 주님을 사랑하며
겸손히 살아가는
믿음의 자녀가 되게 하소서.

창조절의 첫 예배를
주님께 올려 드리오니
받아 주시고,

우리에게
창조의 선함을 회복시켜 주소서.

십자가 위에서
모든 피조물을 구원하신

예수 그리스도의 이름으로 기도합니다.

아멘.

세상이 줄 수 없는 평안과 안식을 주소서 40주

창조주 하나님,

계절의 변화를 느끼며
주님께서 세상을
얼마나 조화롭게 만드셨는지를
새삼 깨닫습니다.

출애굽기의 십계명에서
안식일을 지켜야 하는 이유로,

주님께서
창조의 역사를 마치신 후
쉬신 것을 말씀하셨듯,

우리도 창조주 하나님을 기억하며
이 주일을 쉼으로 지킵니다.

우리의 쉼은
단지 내일의 노동을 준비하는 것을 넘어서,
창조를 찬송하고
하나님께 영광을 돌리는
신앙의 행위입니다.

주여,
우리가 잘 쉰다는 것은
아무 일도 하지 않고 노는 것이 아니라,

우리가 주님의 피조물임을 기억하고,
주님은 우리의 창조주이심을
기억하는 것입니다.

우리가 드리는 이 예배가
바로 그것을 기억하는 자리요,
참된 안식의 자리요,
새 힘을 얻는 자리입니다.

주여,

우리에게
세상이 줄 수 없는
평안과 안식을 주소서.

예수 그리스도의 이름으로 기도합니다.

아멘.

그리스도께서 보여 주신 차원이 다른 세계 속으로
우리도 들어가게 하소서 41주

창조주 하나님,

예수 그리스도를 믿는 믿음을 통하여
우리를 차원이 다른 삶으로 이끌어 주시니 감사합니다.

믿음의 선조들은
예수 그리스도를 믿는 신앙을 통해
자신들이 이전과는 완전히 다른 차원의 삶을
살고 있다고 느꼈고,
그 삶을 '의'라고 불렀습니다.

의인은 단지 옳은 일을 하는 사람을 넘어,
차원이 다른 방식으로 존재하고 살아가는 사람입니다.

주님,
우리는 지금
어떤 차원의 삶을 살아가고 있습니까?

주님을 믿고 따른다고 하면서도
세상 사람들과 다를 바 없이
먹고 마시고 안락함만을 추구하고 있지는 않습니까?

주님,

우리가 예수님을 더욱 알기 원합니다.
예수님을 더 사랑하게 되기를 원합니다.

그리스도께서 보여 주신
차원이 다른 세계 속으로
우리도 들어가게 하소서.

우리가 가진 것을 기꺼이 내어 놓으며
사랑의 역사를 이루는,
차원이 다른
하나님 나라의 백성으로 살아가게 하소서.

십자가 위에서
차원이 다른 사랑을 몸소 보여 주신

예수 그리스도의 이름으로 기도합니다.

아멘.

창조되었다는 것은 곧 부르심임을 42주

창조주 하나님,

주님께 창조란
단순히 '만듦'이 아니라
'부르심'입니다.

우리가 창조되었다는 것은
곧 우리가 주님의 부르심을 받았다는 뜻입니다.

이 거룩한 날,
주님의 부르심을 받고
이 자리에 나온 우리들,

다시 한 번
그 부르심의 의미를 깊이 깨닫게 하소서.

감사를 제물 삼아
예배드리는 이 자리 위에

홀연히 하늘로부터
급하고 강한 바람 같은 소리가 들리게 하시고,

마치 불의 혀처럼 갈라지는

성령의 임재가
각 사람 위에 임하게 하소서.

그리하여 우리 모두가
성령의 충만함을 받고

주님의 부르심에 응답하며
그리스도인으로서
마땅히 감당해야 할 사명을

다시 새롭게 깨닫고 헌신하는
은혜의 예배가 되게 하소서.

십자가 위에서
우리를 주님의 자녀로
불러 주신

예수 그리스도의 이름으로 기도합니다.

아멘.

우리는 참으로 주님의 사랑을 받은 자입니다 43주

주님,

우리를 불러
주님 앞에 세우시고

그리스도의 이름으로
예배하게 하시니 감사합니다.

이 세상에서 가장 좋은 것 앞에,
가장 귀한 것 앞에
우리를 서게 하시니—

우리는
참으로 주님의 사랑을 받은 자입니다.

이 가장 거룩하고, 아름답고,
소중한 시간과 공간으로
우리를 불러 주셨사오니,

주님께서
우리에게 가장 좋은 것으로
우리를 형통케 하실 줄 믿습니다.

그 가장 좋은 것을
선물로 받은 자답게

감사와 기쁨 가운데 거하게 하시고,

그 선물을
겸손히 지키기 위하여

우리 자신을
날마다 십자가 앞으로
이끌어 나오는
성실한 주님의 자녀가 되게 하소서.

십자가 위에서
가장 좋은 것으로
모든 인류를 구원하신

우리 주 예수 그리스도의 이름으로 기도합니다.

아멘.

참된 기쁨을 얻기 원합니다 44주

사랑의 주님,

오늘,
기쁨의 제사를 올려 드리기 원합니다.

참 기쁨이신 주님 앞에 나아와,
세상의 모든 허무와 헛됨을
제단 위에 내려놓고
참된 기쁨을 얻기 원합니다.

세상은 우리를
우울하고 지치게 만들지만,

주님은
우리에게
세상이 줄 수 없는
깊고도 참된 기쁨을 주십니다.

그 기쁨을 사모하며
이 자리에 모인 우리에게
성령을 통하여
하늘의 은혜를 부어 주소서.

우리의 몸을
주께서 기뻐하시는
산 제물로 드리오니,

주여 받아 주시고,

이 세대를 본받지 않고,
오직 주님이 기뻐하시는 뜻을 따라

삶의 기쁨을 누리는
믿음의 자녀가 되게 하소서.

십자가 위에서
우리를 위하여 죽으시고,

사흘 만에 부활하셔서
모든 인류의 구세주가 되신

우리 주 예수 그리스도의 이름으로
기도합니다.

아멘.

주여, 우리를 불쌍히 여겨 주소서 45주

멀리 계시지 않고,
우리와 가까이 동행하기를 원하시는 주님,

주님은 오늘도
우리 가운데 오셔서
우리의 예배를 받으시며,
우리의 기도와 눈물에
귀 기울여 주시는 줄 믿습니다.

나라와 나라,
민족과 민족 간의 전쟁으로
세상은 흉흉하고,
고통이 하늘을 덮고 있습니다.

이성이 무너지고
광기가 들끓으며,

신앙조차
평화를 이루지 못하는 이때에,

우리는 다시 한 번
주님 앞에 엎드려
은혜를 간구합니다.

주여, 저들을 불쌍히 여겨 주소서.
주여, 우리를 불쌍히 여겨 주소서.

겸손한 마음으로
주님 앞에 거룩한 산 제물로 나아와
간절하게 예배드리오니―

우리의 죄를 용서하시고,
이 땅 위에
화해와 치유와
평화를 내려 주소서.

십자가 위에서
막힌 담을 허무시고,
우리의 평화가 되신

예수 그리스도의 이름으로 기도합니다.

아멘.

애통해 하는 자들을 위로하여 주소서 46주

"애통하는 자는 복이 있나니
그들이 위로를 받을 것임이요"* 말씀하신 주님,

관계의 평화도,
마음의 평안도 잃고
애통해 하는 자들을
위로하여 주소서.

이사야 선지자를 통해 선포하셨던
하나님의 나라의 비전이
지금 이 시대에 절실히 필요합니다.

칼을 쳐서 보습을 만들고,
창을 쳐서 낫을 만들며,
나라가 나라를 치지 않고
전쟁을 연습하지 않는—

그 하나님의 나라,
곧 평화의 나라를 간구합니다.

주님,
이 시간, 우리 모두
애통하는 마음과

하나님 나라의 소망을 가지고
한마음으로 예배를 드립니다.

세상 모든 민족이 구원을 얻기까지
쉬지 않으시는 주님과 함께
평화의 그 날이 올 때까지
우리의 예배도 멈추지 않을 것입니다.

주님,
이 예배를 받아 주시고
우리에게 희망을 주소서.

십자가 위에서 죽으시고,
음부에 내려가 희망을 선포하시며,
사흘 만에 부활하신

우리 주 예수 그리스도의 이름으로 기도합니다.

아멘.

* 마태복음 5:4.

바라만 보아도 눈물이 날 것 같은 계절에 47주

우리에게 푸른 가을 하늘을
선물로 주시는 주님,

하늘만 바라보아도 눈물이 날 것 같고
마음이 뭉클해지는 이 계절에—

하늘의 풍경을 닮은
땅의 풍경을 떠올려 봅니다.

땅 위의 모든 피조물도 하늘을 닮아
형형색색으로 찬란히 물들었건만,

유독 인간들만이
고통 가운데 있는 듯합니다.

주님,
우리를 불쌍히 여겨 주소서.

우리를 돕기 위해
주님께서 내미시는 손길이

천사를 통해
자연을 통해

우리에게 전해지고 있지만,
우리는 그 손길을 외면한 채
멸망을 향해 걸어가는 듯합니다.

주님,
우리 모두 예배하는 자 되어
그리스도의 사랑으로
새사람이 되기를 원합니다.

그리스도 안에서
새로운 피조물이 되는 것만이
모두가 평화롭게 사는 세상을 만들
유일한 길임을 믿습니다.

주님 앞에 담대히 나아가
예배드릴 수 있도록,
십자가에서 우리를 구원하신

예수 그리스도의 이름으로 기도합니다.

아멘.

여럿이지만 하나가 될 수 있는 것은 48주

우리의 힘이 되시는 주님,

오늘도 우리가 모여
주님께 경배드립니다.

성부, 성자, 성령이 하나이시듯,
우리도 하나 되어
주님께 예배드립니다.

그리스도 안에서
만물을 구원하시려는
하나님의 뜻을
밝히 깨닫게 하소서.

여럿이지만 하나가 될 수 있는 것은
오직 그리스도의 은혜 때문입니다.

우리는
하나 됨을 더 연습해야 할
극심한 분열의 시대에 살고 있습니다.

예배를 통하여
서로를 존중하는 법을 배우게 하시고,

예배를 통하여
서로를 그리스도 안에서 받아들이는
사랑을 배우게 하소서.

그리스도 안에서
한 몸을 이루고자 하는
우리의 신앙과 결단이
이 세상을 더 아름답게 만드는
축복의 통로가 되게 하소서.

주여,
우리의 예배를 받으시고,
우리에게 평화를 내려 주소서.

십자가 위에서
아버지 하나님의 뜻을 이루신

그 아들 예수 그리스도의 이름으로 기도합니다.

아멘.

우리 삶의 모든 문제는 주님께 달려 있으니 49주

우리에게 향하신
주님의 인자하심과 성실하심을 기억하며,

거룩한 주의 성일에
주님 앞에 나와 예배드립니다.

"이 날은 우리 주의 성일이니, 근심하지 말라.
여호와로 인하여 기뻐하는 것이 너희의 힘이니라"*
하신 말씀을
느헤미야를 통해 주셨던 주님,

그 말씀을 오늘
다시 마음에 새깁니다.

근심된 일이 많은 요즘이지만,
적어도 이 날만큼은
모든 근심과 걱정을
십자가 앞에 내려놓기를 원합니다.

주님,
우리 가운데 오셔서
십자가 앞에 놓인 우리의 모든 걱정과 근심을
거두어 가 주시고,

대신 우리 앞에
평안과 형통의 은혜를 놓아 주소서.

죽고 사는 문제,
먹고 사는 문제—

우리 삶의 모든 문제는
주님께 달려 있으니,

이 시간 주님께 더욱 집중하여
온전한 예배를 드릴 수 있도록
성령으로 우리를 이끌어 주소서.

십자가 위에서
우리에게 참된 희망을 주신

예수 그리스도의 이름으로 기도합니다.

아멘.

* 느헤미야 8:10.

이 시간은 우리가 보낼 수 있는 가장 거룩한 시간입니다 50주

비를 통하여
땅을 젖게 하시는 주님,

성령을 통하여
우리의 마음을 젖게 하소서.

비를 머금은 땅이
파릇파릇 돋아나듯,

성령을 머금은 우리의 마음도
생명력으로 충만케 하소서.

생명의 영이신 성령을 찾지 않고,

허망한 것들을 구하다가
절망과 허무 가운데
생명을 허비하도록 이끄는 이 시대에,

성령을 가득 머금고 살아가는
생명력 있는 삶이 무엇인지를

우리를 통하여
드러내 보여 주소서.

이 시간은—
우리가 보낼 수 있는
가장 거룩한 시간입니다.

오직 성령을 간구하기 위하여
우리가 이 자리에 모였습니다.

주여,
우리의 예배를 받아 주시고,

주의 영을
우리에게 넘치도록 부어 주소서.

그 아름다운 숨결로
보혜사 성령을 보내 주신

우리 주 예수 그리스도의 이름으로 기도합니다.

아멘.

생명 아닌 것들에서 생명을 갈망하고 있는 우리를 불쌍히 여겨 주소서 51주

우리에게 생명을 주시는 주님,
생명의 근원이신 주님,
생명 자체이신 주님,

우리가 어디에서 생명을 얻을 수 있겠나이까.
생명을 떠나서는 우리가 어디로 가리오리까.

주님을 떠나 다른 곳에서
생명을 갈구하려는 우리의 어리석음 때문에
지구는 말라 가고 있습니다.

홍수는 생명을 앗아 갈 뿐 물을 공급해 주지 못하고
가뭄은 극심해져 땅이 타들어 가며
곳곳에 불길이 번져 가고 있습니다.

생명이 사라져 가고 있는 이 세계를 두 눈으로 보면서도
여전히 주님께 돌아가지 못하고,
생명 아닌 것들에서 생명을 갈망하고 있는 우리를
불쌍히 여겨 주소서.

우리는 주께서 생명이시라는 것을 고백하며
이 자리에 모였습니다.

생명이신 주님,
우리가 어떻게 살아야 할지
그 길을 밝히 보여 주소서.

예배드리도록 우리를 불러 주셨사오니,
주님의 뜻에 순종하여 드리는 이 예배 가운데
생명을 부어 주시고,
우리가 받은 생명을 세상에 흘려보낼 수 있도록
우리를 사용하여 주소서.

참된 생명이 무엇인지 보여 주시기 위하여
십자가에 달려 죽으시고,
사흘 만에 부활하신

예수 그리스도의 이름으로 기도합니다.

아멘.

주님을 우리의 왕이라 고백합니다 52주 ✕ 그리스도왕주일

주님,

우리가 가진 말 중에
주님을 가장 높일 수 있는 이름은
'왕'입니다.

그래서 우리는
주님을 '우리의 왕'이라 고백합니다.

이 말에는
주님에 대한 최고의 존경이 담겨 있고,

주님을 향한
최고의 사랑이 담겨 있습니다.

이는 마치
사랑하는 아이를 향해
'우리 공주님', '우리 왕자님'이라 부르듯,

마음 깊은 곳에서
우러나오는 사랑의 언어입니다.

주님,

우리가 이 예배의 자리에 나아올 때
우리의 마음은
기쁘고 벅찹니다.

존경하는 분,
사랑하는 분을 만나는 자리이기 때문입니다.

우리의 왕이신 주님,
우리의 고백을 받아 주시고,
우리의 찬송과 기도를 받으소서.

엎드려 경배하오니,
우리의 예배를 받으시고
우리의 곤궁함을 돌보아 주소서.

십자가에 달려 죽으시고
사흘 만에 부활하셔서
모든 이의 구세주가 되신

우리의 왕, 예수 그리스도의 이름으로 기도합니다.

아멘.

하루를 시작하며 드리는 기도

주님,
새날을 열어 주셔서 감사합니다.
오늘 하루 주의 은혜가 충만케 하시고
만나는 모든 이들을 통하여
주의 사랑을 듬뿍 받게 하옵소서.

주님,
기쁨, 자유, 평화, 사랑의 능력을
신비한 방식으로 나의 삶에 채워 주옵소서.
내가 하는 모든 것이
자기 구원을 이루고 차별하는 성취가 아니라
주께서 주신 기쁨, 자유, 평화, 사랑의 능력을 통한
그리스도 안에서의 놀이가 되게 하옵소서.

주님,
우리를 불쌍히 여겨 주옵소서.
우리의 몸과 마음을 상하게 하는 것들로부터 지켜 주시고
어떠한 경우에도 낙심하지 말고
주의 은혜와 사랑으로 새 힘을 얻게 하옵소서.

우리가 하는 모든 일은 주님께 받은
사명의 일부인 것을 믿사오니
주님께서 이끌어 주시고

주님께서 이루어 주시며
주님께서 열매 맺게 하실 줄 믿습니다.

주님,
나를 불쌍히 여기소서.
나를 불쌍히 여기소서.
나를 불쌍히 여기소서.

나를 용서하시고,
세워 주시고,
형통케 하시고,
영화롭게 하옵소서.

우리 주 예수 그리스도의 이름으로 기도합니다.

아멘.

하루를 마감하며 드리는 기도

주님,
오늘 제가 한 모든 일이
주님의 구원 사역에 동참한 일이었는지,
하루를 돌아보며 주의 은혜와 자비를 간구합니다.
제가 한 일 중에 저의 욕심과 교만에서
비롯된 일이 있었다면
용서하시고 그리스도의 보혈로 덮어 주소서.
그리하여 욕심과 교만으로 행한 일이었다 할지라도
그것이 주 안에서 선하게 사용되게 하옵소서.

오늘 있었던 억울한 일은 주님께서 갚아 주시고
오늘 있었던 슬픈 일은 위로해 주옵소서.
어려움에 처한 자를
조금 더 도와주지 못한 것을 용서하시고
제 손으로 살피지 못한 것들은
주님께서 예기치 못한 방식으로 살펴 주옵소서.

세상 모든 이들이 평화로운 잠자리에 들게 하옵소서.
머리 둘 곳조차 없으시던 주님을 생각하며
이렇게 평안하게 누워서 잘 수 있는 것이
주님의 은혜인 것을 잊지 말게 하시고,
자고 일어나 새 힘을 얻어
더 나은 세상을 위해서

주님께 받은 모든 은총을
아낌없이 나누는
믿음의 자녀가 되게 하옵소서.

주님,
오늘 하루도 무사히 보냈습니다.
오늘 맺은 열매는 내일을 위해 쓰이게 하시고
나의 생명이 주님 안에 있는 줄 믿사오니
자는 동안
모든 악하고 고통스러운 기억을 가져가시고
나의 생명을 새롭게 하사
오늘보다 나은 내일을 열어 주옵소서.

우리 주 예수 그리스도의 이름으로 기도합니다.

아멘.

주일을 위한 기도*

주님,
우리를 자유케 하소서.

주일을 지키며
주님께서 우리에게 허락하신 자유를
지키게 하소서.

몸과 마음이 강퍅해지지 않도록
우리 자신을 날마다 주님께 내어 드리길 원합니다.

우리에게 평화를 주시고,
주일을 잘 지키는 자유인이 되게 하소서.

십자가 위에서 우리에게 영원한 자유를 선물로 주신
예수 그리스도의 이름으로 기도합니다.

아멘.

* 출애굽기 6:9, 16:23-30.

예배자의 기도

매주 드리는 예배를 위한 기도시집

초판 1쇄 인쇄 2025년 6월 13일
초판 1쇄 발행 2025년 6월 23일

지은이	장준식		
펴낸이	박명준		
편집	박명준	펴낸곳	바람이 불어오는 곳
디자인	김진성	출판등록	2013년 4월 1일 제2013-000024호
제작	공간	주소	03041 서울 종로구 자하문로 5, 5층
		전자우편	bombaram.book@gmail.com
		문의전화	010-6353-9330 팩스 050-4323-9330
		홈페이지	bombarambook.com

ISBN 979-11-91887-30-3 03230
ⓒ 장준식 2025

• 이 책의 판권은 지은이와 바람이 불어오는 곳에 있습니다.
  이 책의 내용의 전부 또는 일부를 재사용하려면 반드시 양측의 서면 동의를 받아야 합니다.

• 잘못된 책은 구입하신 곳에서 교환할 수 있습니다.

바람이불어오는곳 은
삶의 여정을 담은 즐거운 책을 만듭니다.

🅕 🅞 bombarambook